ジャッケンドフの思想

開拓社
言語・文化選書

100

ジャッケンドフの思想

言語と心の研究

米山三明 著

開拓社

ま え が き

　本書は，Ray Jackendoff（以下，Jackendoff）の人間の言語と心に関する研究をまとめたものである。ただし，まとめるといっても，Jackendoff は 1970 年代の前半から現在までかなりの数の著書・論文を発表し，その研究も広範囲にわたっていることも事実である。Jackendoff が 70 歳の時には，彼のために記念論文集（Toivonen, Csúri, and van der Zee (eds.) (2015)）が出版されたが，その序論における編者による紹介には，これまで Jackendoff が貢献してきた研究領域として，syntax（統語論），morphology（形態論），semantics（意味論），phonology（音韻論），musical cognition（音楽認知），comparative psychology（比較心理学），psycholinguistics（心理言語学），cognitive science（認知科学），philosophy（哲学）その他が挙がっている（xi-xii）。このような状況の中でできることというと，「私の見た Jackendoff」という，あくまで私の視点から見た Jackendoff の思想を，私なりにまとめるということになる。そして，「私なりに」ということになると，それは，どちらかというと意味論的な側面からの検討ということになる。これまでの Jackendoff の研究を鳥瞰すると，意味論的な側面が強いことは確かであるが，そうはいっても，統語論や音韻論などについても重要な発言をしてきている。「私なりに」とい

うと，どうしても統語論や音韻論の分野に関する言及が少なくなることは否めない。このような状況ではあるが，本書が人間の言語と心に関心を持つ方に，また，これからこの方面のことを勉強してみたいと考えている方にとって，一つの道しるべになってくれることを願っている。

　本書の出版にあたっては，開拓社出版部の川田賢氏にいろいろとお心遣いをいただきました。改めて心より厚くお礼申し上げます。

目　次

x

序　論

本書の構成と執筆について

　本書は八つの章から構成されている。第 1 章では，Jackendoff
の基本情報として，略歴と業績を確認する。第 2 章は，生成文
法の基本概念である生得性（innateness），心的表示（mental rep-
resentation）や普遍文法（Universal Grammar: UG）などについ
て，Jackendoff がどのように考えているかを見る。第 3 章は，
Jackendoff の初期の研究の簡単なまとめで，文の意味と X バー
理論（X-bar theory）について見る。第 4 章では，Jackendoff の
言語研究の基盤となっている概念意味論（Conceptual Seman-
tics）と並列機構（parallel architecture）の枠組みについて検討す
る。第 5 章では，概念主義的な考え方に基づく指示（reference）
と真理（truth）の問題について見る。第 6 章，第 7 章は，Jack-
endoff が関心を持っていると思われるテーマをいくつか取り上
げる。第 6 章では，言語における生産性（productivity）と半生
産性（semiproductivity）の問題を，レキシコン（lexicon）の位
置づけと関連づけながら見る。第 7 章では，意識（conscious-
ness），社 会 認 知（social cognition），心 の 理 論（theory of
mind），いくつかの部分から成る行為（complex action）の構造
について考察する。心の理論については，なじみのない方もい
らっしゃるかもしれないが，他者の心の状況の理解などに見られ
る人間の認知能力の一端として，大変興味深い問題である。
Jackendoff の場合は，意識，社会認知，心の理論，行為の構造

を言語との関連から考えるが特徴である。第 6 章，第 7 章の考察を通して，概念意味論と並列機構の枠組みが重要な研究基盤になっていることが見えてくるであろう。第 8 章は，Jackendoff の著書についての簡単な読書案内である。

　以下は，本書の執筆に関連して，あらかじめお伝えしておいた方がよいと思われる事項を整理したものである。

(1)　人名などの表記

　「まえがき」からもおわかりのように，本書では，本のタイトルは別として，Jackendoff についてもカタカナ表記にはせず，原語表記を用いている。読み方のはっきりしない方もいらっしゃるということも背景にあるが，人名に関しては，原語表記で統一することにする。そして，その他の研究機関等についても，人名にならって原語で表記することにする。

(2)　引用と頁数

　本書は，かなりの部分が Jackendoff の著書からの引用を日本語で要約したものになる。どの著書からの引用であるかについては，その著書の出版年によって明示する。また，例文や図表等がある場合は，その引用頁を明記する。一方，日本語に要約した部分については，一つ一つ細かく頁数を記載することはせず，必要に応じて対応することにする。

(3) 同じものを指す複数の用語

Jackendoff の著書を読んでいると，複数の著書の間で，同じものを指すのに複数の用語が使われていることがある。その背景には，彼自身の研究歴が長いことや，他の研究者との共著の関連もあるかと思われる。たとえば，mental representation（心的表示）/ mental structure（心的構造）や semiproductive（半生産的）/ nonproductive（非生産的），それに spatial representation（空間表示）/ spatial structure（空間構造）などがその例である。mental representation と mental structure について見ると，認知科学においては，心がそれに基づいて作用する計算的な構造は一般に mental representation と呼ばれ，Jackendoff も長い間この用語を使ってきた。しかし，Jackendoff（2007）では，mental representation には，解釈や知覚する人が含意されるとし，representation に伴う指向性（intentionality）を排除したいという考えから，mental structure という用語を使っている。Jackendoff（2002）にも同様の内容の記述が見られるが，Jackendoff and Audring（2020）では，再び mental representation が使われている。用語にはそれなりの意味があり，著者の意向に沿うように考える必要もあると思われるので，本書では，複数ある用語については，その場に応じて適宜選んだものを使うことにする。

(4) 語彙項目と語

用語に関しては，語彙項目と語の関係についても触れておくこ

とにする。

　Jackendoff（2010: 226）は，語彙項目（lexical item）と文法的な語（grammatical word）について，両者を区別することが重要であるとし，語彙項目は長期記憶に蓄えられた言語の部分（pieces of language），文法的な語は接辞（affix）より大きく，句（phrase）よりは小さいサイズの文法的な単位（grammatical units）と定義している。語彙項目と語の具体的な例については，Jackendoff（2002: 160）が，devour, -d, devoured, ate を挙げている。devour は語であり，語彙項目である。接辞の -d は語彙項目であるが，語ではない。規則動詞の過去形 devoured は語であるが，語彙項目ではない。そして，不規則動詞 ate は語であり，語彙項目でもあると述べている。規則動詞の過去形は，オンラインで接辞 -d がついて形成されるため，レキシコンに蓄える必要はないというものである。

　Jackendoff（2002: 153）も言及しているように，語彙項目と語は交換可能なものとして（interchangeably）使われているところもあり，両者の区別がはっきりしないケースも見られる（両者を区別する立場については，たとえば，藤田・松本（2005）を参照）。Jackendoff が語彙項目と語を区別する背景には，どのようなものがレキシコンに蓄えられるかという問題があるためで，この点については第 4 章以降で触れることになる。

⑸　著書／論文と単著／共著

　本書の内容は Jackendoff の研究に基づくものであるが，その際に参照するのは基本的には著書によるものとする。それは，Jackendoff については，かなりの数の論文が書かれていることが背景にあるが，それに加えて，著書がこれらの論文に基づいて書かれていること，ないしは，多くの論文が著書に再録されているという状況がある。そこで，本書では著書を基本に考えることにする。また，著書／論文には，単著と共著があり，Jackendoff の場合も二つのタイプの研究が見られる。共著の場合は，多少本文の流れにぎこちなさも出てくるが，人名については共著者を含めた形で表記することにする。なお，並列機構については，Jackendoff もいろいろなところで書いているように，他の理論的枠組みと類似性もないわけではないが，本書では並列機構については Jackendoff の考え方として位置づけることにする。

⑹　主流派生成文法について

　Jackendoff は，Chomsky 的な生成文法を主流派生成文法（mainstream generative grammar）と呼び，Jackendoff and Audring（2020）に至るまで，著書・論文等において，自らの枠組みとの違いについて言及している。しかし，本書では，両者の違いについて多少触れることはあるが，基本的には Jackendoff が行っているような，両者の枠組みの比較については立ち入らない方針であるので，あらかじめご了解いただきたいと考えている。

(7)　注について

　本書では必要に応じて（注）としての記述を加えてある。お伝えしておくべき事項であっても，本文の流れからずれてしまう場合もあるため，そのような場合に，（注）として全体を1文字インデントして追加することにした。

(8)　索引について

　Jackendoff 個人の索引は，本書全体にわたることになるため，特に設けないことにする。一方，Jackendoff の著書・論文（共著を含む）については，索引によって，どの文献がどこで言及されているかがわかるようになっている。

第 1 章

Jackendoff の略歴と業績

1.1. 略歴等

「まえがき」でも触れた記念論文集の中にある編者の紹介によると，Jackendoff は 1945 年の生まれで，Swarthmore College で数学，Massachusetts Institute of Technology（MIT）で言語学を学び，1969 年に MIT から博士号を取得している。University of California at Los Angels（UCLA）で少しの期間仕事を持った後，Brandeis University に職を得て 35 年間教鞭をとった。その後，2005 年に Tufts University に移り，人文科学の教授および Dan Dennett とともに，認知研究センターの共同理事（co-director of the Center for Cognitive Studies）となり，教育と研究に携わった。

　記念論文集の序論には，以上のような編者による紹介の他に，Noam Chomky，Adele E. Goldberg，Steven Pinker など 9 名による Jackendoff の研究や人柄，彼との思い出などに関する記述がある。そのうち，Goldberg と Thomas Wasow が，Jackendoff が認知科学の分野において栄誉ある Rumelhart 賞（2014 年度）（David E. Rumelhart Prize）を受賞したことに触れている。Wasow のコメントには，「必ずしも彼が言語学者として初めてこの誉れ高い賞を受賞したというわけではないが，その研究に実験やコンピュータのモデル化を含まない研究者としては，最初の

受賞者であった」(xxv) という記述が見られる。なお，実験を含まないという点については，Jackendoff 自身が社会認知（第 7 章で取り上げる）における「グループへの帰属」に関連して，「たとえば学界では，私が心理学のことを考えているため，私のことを正確には言語学者だと思っていない言語学者が多くいるが，実験をしないため，心理学者だと思っていない心理学者も多くいる」(Jackendoff (2007: 168)) と述べている箇所があり興味深い。

1.2.　著書・論文

Jackendoff がこれまでに執筆してきた著書と論文は，かなりの数にのぼっており，その生産力には圧倒されるばかりである。本の形で出版された Jackendoff の著書（共著を含む）について出版年順に確認しておこう（書名の日本語訳については第 8 章，出版社等については参考文献を参照）。

Jackendoff, Ray (1972) *Semantic Interpretation in Generative Grammar.*

Jackendoff, Ray (1977) *X-Bar Syntax: A Study of Phrase Structure.*

Jackendoff, Ray (1983) *Semantics and Cognition.*

Lerdahl, Fred and Ray Jackendoff (1983) *A Generative Theory of Tonal Music.*

Jackendoff, Ray (1987) *Consciousness and the Computational Mind.*

Jackendoff, Ray (1990) *Semantic Structures.*

Jackendoff, Ray (1992) *Languages of the Mind: Essays on Mental Representation.*

Jackendoff, Ray (1993) *Patterns in the Mind: Language and Human Nature.*

Jackendoff, Ray (1997) *The Architecture of the Language Faculty.*

Jackendoff, Ray (2002) *Foundations of Language: Brain, Meaning, Grammar, Evolution.*

Culicover, Peter W. and Ray Jackendoff (2005) *Simpler Syntax.*

Jackendoff, Ray (2007) *Language, Consciousness, Culture: Essays on Mental Structure.*

Jackendoff, Ray (2010) *Meaning and the Lexicon: The Parallel Architecture 1975–2010.*

Jackendoff, Ray (2012) *A User's Guide to Thought and Meaning.*

Jackendoff, Ray and Jenny Audring (2020) *The Texture of the Lexicon: Relational Morphology and the Parallel Architecture.*

Jackendoff（1993）については，1994 年に別の出版社から再版されているが，内容に変更はないようなので，本書では 1993 年に出版された本に基づくことにする。上の一覧を見ると，Jackendoff の研究が多岐に渡っていることがわかる。論文については，相当数のものが言語学・心理学関係の学術雑誌や他の論文集に掲載されているが，上の一覧の中の本に再録されているものもある。たとえば，Jackendoff（2010）は 12 編の論文を再録し，説明と注を追加したものである。また，Jackendoff（2002）については，本のタイトルを，1968 年に彼の最初の論文が掲載された *Foundations of Language* という雑誌の名前からとっていることがこの本の謝辞の中に書かれている。Jackendoff（1993, 2002, 2012）については日本語による翻訳が出版されている。なお，Jackendoff（1992）と Jackendoff（2007）では，同じものを指すのに異なる用語（mental representation と mental structure）がタイトルとして使われているが，この点については「序論」でも触れている。

第 2 章

生得性，機能主義，心的表示など

　本章では，第2章以降で扱う個別の問題に先駆けて，生得性や心的表示など，生成文法における基本的な概念について，Jackendoff がどのように考えているかを見ておくことにする。そして，2.5 節で見るように，Jackendoff は，言語，視覚（vision），音楽については，その構造に類似したものが見られるという観点から分析をしてきているが，2.6 節では，言語と音楽の処理／解析に光をあて，その類似性について検討することにする。

2.1.　生得性に対する論拠

　Jackendoff は，言語の生得性について論じるにあたり，Jackendoff（1993）の中で，以下の三つの「根本的な論拠」（Fundamental Argument）について触れている。

- （1）a.　心的文法（mental grammar）があることを支持する論拠
     言語使用に見られる表現の多様性は，言語使用者の脳の中に，無意識の文法の原理一式が含まれていることを意味する。
  - b.　生得的知識（innate knowledge）があることを支持する論拠

子どもが話すことができるようになることは，人間
の脳の中に，言語に特化することが遺伝的に決定さ
れたものがあることを意味する。

c. 経験を構築することを支持する論拠
世界に関する我々の経験は，脳で働く無意識の原理
によって能動的に構築される。

(Jackendoff (1993: 6-7))

（注）　(1c) は，Jackendoff (1993: Ch. 12 (p. 161)) で，「口頭言
語（spoken language）についての経験は，聞き手の心的文法に
よって能動的に構築される」という表現で再度提示される。

(1a) は，人間が新しい文を話したり理解できるのは，我々が使
用する言語の単語ばかりでなく，その言語で可能な文のパターン
を持っていることを示しており，Jackendoff は，この無意識の
規則を心的文法と呼んでいる。(1b) は，普通の子どもであれば，
だれでも言語を使えるようになるが，このことは，子どもは言語
に関する生得的な知識を備わった状態で言語習得にとりかかるこ
とを意味し，この生得的な知識が普遍文法と呼ばれるものであ
る。

　Jackendoff は，普遍文法と心的文法（いわゆる個別文法（par-
ticular grammar））の関係を次のように表している。（なお，
Jackendoff (1987: 89) では，心的文法の代わりに，言語 L の構
造（Structure of Language L）という表現が使われている。音楽

との関連で，2.5.3 節も参照。）

（2）　心的文法＝生得的な部分（普遍文法）＋学習した部分

（Jackendoff（1993: 34））

そして，このような生得的知識を獲得する仕組みは，脳の構造を媒介として遺伝的に伝えられると考え，それを遺伝仮説（Genetic Hypothesis）と呼んでいる（Jackendoff（1993: 30））。遺伝仮説を持ち出すことについてはためらいも見られるが，習得される知識が複雑であるにもかかわらず，普通の子どもであれば，誰でも言語を習得できるという事実を踏まえ，Jackendoff は，言語習得は遺伝的な部分によって支えられているとするのが唯一の解決策と考えているようである。

（1c）（（注）も参照）に関して Jackendoff は，口頭言語を理解する行為は，単に受動的に情報を受け入れるのではなく，心的文法に従って入力信号を組織化する無意識の行為で，心的文法がなければ，言語知覚は存在せず，ただ雑音が存在するだけであると述べている（Jackendoff（1993: 164））。

なお，生成文法においては，普遍文法はすべての可能な文法について複雑な指定を行うという考え方が支配的であるが，それに対し Jackendoff は，普遍文法はもっと制限されたもので，子どもが証拠に基づいて一般化する過程を継承階層（inheritance hierarchy）を通して導く「アトラクター」（attractor）構造の集合として見る可能性に言及している（Jackendoff:（2002: 426））。なお，

継承について Jackendoff は，より詳細に指定されたり，高度に構造化された項目は，指定や構造化の程度の低い項目から構造を継承すると述べている（Jackendoff（2002: 184））。継承階層については，4.7 節の「レキシコンと文法」でも触れる。

　（注）　上では「アトラクター」のことに言及したが，Jackendoff（2002: 192）は，「アトラクター」に関して，動的システムの意味で（in the dynamic systems sense）とした上で，普遍文法の文法的な断面（grammatical fragments）については，文法的パターンの絶対的標準（absolute standards）よりはむしろ平衡点（points of stability）を確立する「アトラクター」として考えることができると述べている。

　また，Jackendoff（2007: 30）は，普遍文法は言語習得を形作る（shape）もので，言語を構築するためのツールキット（工具一式）（toolkit）と考えるのがよいであろうと述べている。この考え方では，子どもの脳／心は，習得の過程で構築のためにふさわしいものを選択しているということになる。たとえば，習得する言語が格の体系（case system）を持つ言語であれば，普遍文法はその習得を助けるが，持たない言語であれば，この部分は選択されず，沈黙した（silent）ままになるというものである（ツールキットの考え方については，Jackendoff（2002: 75, 263））にも言及がある）。

2.2. 言語習得のパラドックスと臨界期

遺伝的に継承される言語の生得性に関連して，Jackendoff は子どもの言語習得に見られる特性として，言語習得のパラドックス（Paradox of Language Acquisition）と臨界期（critical period）のことをよく取り上げる。言語習得のパラドックスに関して Jackendoff は，世界中の言語学者の精力的な研究にもかかわらず，人間の言語については，とても解明されているとは言えないと考えている。ところが，普通の子どもであれば誰でも，10 歳くらいまでの間に無意識に，そして自力でその仕事をなしとげている。そうであるならば，子どもは言語学者より有利なスタートを切る生得的な知識を備えているはずで，それが普遍文法ということになる。

言語習得のパラドックスについては，例えば Jackendoff（1993: 51–52）は，それをテレビの調整とテレビを作る，ないしはテレビがどのように働くかを理解するという問題との比較を使って説明している。子どもは，言語に特化した装置をゼロから作り出しているわけではなく，テレビの調整のように，生物学的な構造に基づいてすでに存在する装置について，調整・強化するだけでよいため，テレビを作ろうとするような言語学者との間に隔たりがあっても不思議ではないというものである。なお，Jackendoff（2002: 72）は，「普遍文法」という用語は誤解を招きやすいため，Chomsky は「メタ文法」（metagrammar）ないし「文法の種」

(seeds of grammar) のような呼び方にするべきであっただろう
と述べている。

　もう一つの臨界期の問題については，Jackendoff（1993: Ch.
9）が参考になる。たとえば，12 〜 13 歳頃まで人との接触のな
い状態で育ったビクター（Victor:「アベロンの野生児」（Wild
Boy of Averon））やジーニー（Genie）などには，通常の言語習
得は観察できなかったが，Jackendoff はこの点に関して，言語
習得には臨界期があり，その臨界期に普通の生活環境の中にいな
ければ，仮に語彙（vocabulary）は習得できても心的文法は発達
しないと考える。Jackendoff は，言語習得に臨界期があること
は，心的文法の構築のためには，子どもが脳の中に言語に特化し
た，遺伝的にプログラムされたものを持つためであると考えるの
である。普遍文法に関しては，2.1 節で Jackendoff の「アトラク
ター」やツールキットとしての考え方を見たが，臨界期の問題と
関連させて考えることができよう（Jackendoff（2002: 4.9.2 節，8.12
節）には，普遍文法と臨界期の関係について言及がある）。

　Jackendoff（1993）は，言語における「根本的な論拠」は，言
語以外の音楽や視覚，思考，それに社会 / 文化認知にも同じよう
に言えると考える。それは，人間は，生得的な脳の特化として，
言語を習得する能力をはじめとして，音楽を理解する能力，視覚
世界を理解する能力，思考を構築する能力，そして社会環境の中
で機能する能力などを備えているというもので，これらの能力に
ついても，言語の場合と同様「根本的な論拠」が成り立つと考え

ている。たとえば音楽の場合で言えば，我々は音楽を聞いた時，それを単に音の連続としてとらえるのではなく，心的な音楽文法とでもいうべきものに従って解釈しているというものである。そして，音楽については，経験する感情的な内容は，耳に入ってくる物理的な信号の中にあるのではなく，我々の心によって構築されたものに違いないと考えている（Jackendoff (1993: 170)）。

2.3. 手話とクレオール

2.1 節と 2.2 節では，口頭言語に関して生得性の問題を検討したが，ここでは，その他の習得として，手話とクレオール（creole）について簡単に見ることにする。

2.3.1. 手話

Jackendoff (1993: Ch. 7) には，アメリカ手話（American Sign Language: ASL）に関する記述がある。Jackendoff は，手話と口頭言語の間には，視覚，聴覚という様相（modality）の違いはあるものの，手話も口頭言語と同様に言語であるとし，口頭言語の場合と同様，手話を習得する際には，普遍文法が基盤になると考えている。つまり，ASL についても，子どもは脳の生得的な構造に基づいて，心的文法を習得するというもので，その際，どの様相が用いられるかについては中立であると述べている。

2.3.2.　クレオール

　Jackendoff（1993: 130-135）は，Bickerton（1981）に基づいて，新しい言語の発生の例として，ハワイのクレオール（Hawaiian Creole）について言及している。1870 年代のハワイでは，拡大した砂糖園に中国や日本などから多くの人が労働者として流入した。その結果として，間に合わせに作ったピジン（pidgen）がいわば共通語として使われることになったが，このことが興味深い続きをもたらしている。それは 1900 年から 1920 年にかけ，ピジンに触れた子供たちによって創り出されたハワイのクレオールという新しい言語が出現したことである。ハワイのクレオールは，文法的に貧弱なピジンとは異なり，複雑な統語的な構造を含む，独自の文法的特質を持った言語である。Jackendoff は，これらの子ども達の場合も，上で見た言語習得と同様，ピジンにさらされる中で，普遍文法の選択メニューに基づいてクレオールの心的文法を習得したものと考える。一方，親たち大人は複雑な文法的特質を持ったクレオールを習得することはできなかったが，Jackendoff は，それは大人たちは臨界期を過ぎたためと考えている。そして，ハワイにおけるピジンからクレオールまでの経緯を踏まえ，Jackendoff は，子どもは模倣によって言語を習得するのではなく，強力な生得的知識に基づいて，その心的文法を習得するものと主張している。

2.4. 機能主義

言語をはじめとして，人間の性質について考える際に Jack-endoff がとる立場は，機能主義 (functionalism) という方法である。機能主義は，これまで言語学ばかりでなく，認知心理学や人工知能の領域で用いられてきたものである。Jackendoff は，脳研究の現状を踏まえると，当面は脳の働きを機能的に見る方法を基本にせざるを得ないと考えるのである。

機能主義については心的文法との関連で，Jackendoff（1993）にその考え方の一端を見ることができる。人間は心的文法を実際に観察することはできないが，それを利用して作り出す文の文法性や意味についての判断は観察することができるとし，Jackendoff（1993: 46）では，言語に関しての可能な実験として，文の文法性を当該言語のネイティブ・スピーカーに判断してもらうことに言及している。これはごく単純ではあるが，信頼性もあるとも述べている。1.1 節でも触れたように，自らの研究態度について Jackendoff（2007）は，「実験をしない」という趣旨のことを述べているが，これは，当面は脳がどのようにして知識や情報を物理的にコード化するかについては立ち入らず，経験的にテストが可能な仮説を立てながら心的文法にアプローチしようとするもので，Jackendoff の研究方法の特徴の一つと考えてもよいであろう。

用語に関して Jackendoff（2007: 3）は，物理的な体の部分で

認知の働きをつかさどり，神経科学固有の領域になるものを表す
場合は brain，その機能的・計算的な面から見た脳を表す場合は
mind，両者に関して中立の場合は brain/mind を用いるとしてい
る。(mind に関しては，Jackendoff (1987) では計算的な心
(computational mind)，また，Jackendoff (2002) では，機能的
な心 (functional mind: f-mind) という用語も使われている。)

　なお，Jackendoff (2002: 21 (note: 1)) は，ここで取り上げて
いるような機能主義は，言語理論としての機能主義とは関連がな
いことを注として述べるとともに，その後の 2.5 節で関連した議
論を加えている。

2.5.　心的表示

　機能主義との関連では心的表示が重要な概念になるため，ここ
で触れておくことにする（心的表示と心的構造については，「序
論」で触れた）。

　心的表示とは，脳における情報についていうもので，その表示
に作用する過程は心的過程 (mental process) と呼ばれる。Jack-
endoff は，mind の brain に対する関係は，コンピュータにおけ
るソフトウェア / データのハードウェアに対する関係と同じと考
えている (Jackendoff (1987: 16))。本書においては，言語が中心
となるが，ここでは視覚，音楽における心的表示についてもあわ
せて見ることにする。

　心的表示について検討する際には，表示レベルの数やその示差的な特性などが問題になるが，Jackendoff の場合は，言語だけでなく，視覚や音楽についても同様の考え方ができるとする点が特徴で，ここで心的表示について見ておくことが，本書の後半で扱う意識の問題を検討する際に役に立つことになる。

2.5.1.　言語における心的表示

　言語については，音韻構造，統語構造，意味構造に分けるのが一般的で，それぞれについて，音韻論，統語論，意味論という研究部門がある。ただし，これらの三つの部門については，Chomsky などのように統語論だけに生成能力を持たせる考え方や，Jackendoff のように三つの部門それぞれに自律性を持たせる考え方などを含め，いろいろな立場がある。意味構造については，Jackendoff は概念構造（conceptual structure）という心的表示を考える。この概念構造は，音韻構造と統語構造を合わせた「言語」の部分とは別のものと考えているが，1990 年代の中頃以降，概念構造については，文法的な面に関連する概念構造と，感覚様相の情報を取り入れる空間構造（spatial structure）に分離している。空間構造については，Jackendoff は，初めの頃は空間表示（spatial representation）と呼び，そして Jackendoff and Audring（2020）で再び空間表示を使っているが，本書では空間構造を用いることにする（序論の（3）参照）。そして，これら四つの構造は，それぞれ対応規則（correspondence rule）によってつ

ながりを持つことになる。対応規則によってつながるということ
は，それぞれの部門が自律性をもつということであるが，これに
ついては第 4 章で並列機構の枠組みとして検討することになる。
なお，Jackendoff は，人間のようには言語を使えない高等動物
についても，人間の場合ほど豊かではないものの，概念構造を所
有するものと考えている（Jackendoff (1992: 33)）。

2.5.2.　視覚における心的表示

　視覚については，Macnamara (1978) の "How Do We Talk
about What We see?" の研究が引き金になっている。そして，
この問題を検討する際に，Jackendoff は Marr (1982) の視覚理
論の考え方を取り入れて，視覚を初期スケッチ（primal sketch），
2 ½D スケッチ（2 ½D sketch），3D モデル（3D model）という
3 つのレベルに分け，それぞれのレベルで，言語と同様，基本的
単位と結合の原理により，小さな単位はより大きな単位にまとめ
られると考える。このうち 2 ½D スケッチが観察者中心（viewer-
centered）のレベルであるのに対し，3D モデルは対象中心（ob-
ject-centered）のレベルで，対象の形を長期記憶の中で把握する
（Jackendoff (1987: 170-178)）。Jackendoff (1990) は，たとえば
移動動詞について，概念構造では捉えきれない動詞の本来的な性
質を 3D モデルによって説明しているが，この流れが空間構造の
導入につながることになる。

2.5.3. 音楽における心的表示

Jackendoff は自らクラリネットを演奏するかたわら，Lerdahl and Jackendoff（1983）をはじめとして，音楽について生成理論に基づいた分析を行っている。Jackendoff は音楽を特殊な技術とは考えず，言語や視覚と類似した分析が可能であるとしている。たとえば，言語の場合と同様，生得的な部分と学習した部分の関係が音楽についても見られるとして，音楽の表現形式（musical idiom）について，（3）のような説明を与えている。

(3) 音楽の表現形式 I の構造＝生得的部分（普遍音楽文法）
＋学習した部分（表現形式に特有な要素）

(Jackendoff (1987: 215))

Jackendoff（1987）は，音楽については，五つの異なる心的表示のレベル（楽曲表層（musical surface），グルーピング構造（grouping structure），拍節構造（metrical structure），それに二種類の簡約（タイムスパン簡約（time-span reduction），延長的簡約（prolongational reduction））を取り上げている。その説明（pp. 218–229）に沿って，それぞれのレベルの役割を概略的に示すと，以下のようになる。（なお，Jackendoff が，楽曲表層を含めた形で表示レベルについて言及していることは，7.1 節で扱う意識の問題と関連がある。）

楽曲表層は，楽曲を別々のピッチイベント（pitch-event）（音符（note）と和音（chord））としてコード化する。この他の四つ

のレベルは，最終的には楽曲表層から派生するが，楽曲表層とは
異なり，単に連続的というよりむしろ階層的である。グルーピン
グ構造は，楽曲表層を動機 (motif)，楽句 (phrase)，楽節 (sec-
tion) に分割し，拍節構造は，聞き手が楽曲に課す強弱の拍
(beat) を体系づける。グルーピング構造と拍節構造は，一緒に
なって，楽曲の基本的なリズムのアーティキュレーション
(rhythmic articulation) を構成する (Jackendoff (1992: 13) で
は，同様の文脈で，rhythmic organization(リズムの編成) という
表現が使われている)。そして，二つの簡約のうち，タイムスパ
ン簡約が，楽曲のピッチイベントをリズム的に支配された階層構
造 (rhythmically governed hierarchy) にまとめるのに対し，延
長的簡約は，楽句を横断する楽曲の流れの感覚，つまり緊張と弛
緩をコード化するというものである（以上について詳しくは，
Ch. 11 を参照)。なお，Jackendoff は，楽曲表層については，す
でにピッチ（音高を表す）や音の出だしなどを区別するための処
理は行われているものとして，音楽知覚に含まれる情報構造の最
も低いレベルというわけではないと考えている (Jackendoff (1987:
292) (この点は，7.1 節でも触れる))。

2.6.　言語と音楽

　2.5.3 節では音楽に関して，心的表示における言語や視覚との
類似性を見たが，本節では，言語と音楽の処理/解析に光をあて，

そこに見られる類似性について検討することにする。Jackendoff（1992）は，専門家ではない初心者（novice）がどのようにして音楽を理解するかという問題を，言語処理と比較しながら考察している。Jackendoff（1992）では，具体的な楽曲を挙げながら分析しているが，ここでは楽曲の分析には踏み込まず，音楽と言語の間に見られる類似性に焦点を合わせながら，Jackendoff の考え方を確認することにする。

　楽曲については単なる音の連続としてではなく，いくつかの構造に基づいて処理されることを見たが，楽曲の最終的な理解に至るまでには，グルーピング構造や拍節構造をはじめとしていくつかの可能性がある。それぞれの可能性の中から人間は適切な構造を見つけて音楽として聞くことになるが，この処理が普通の人によってどのように行われるかということが Jackendoff が問題にしている点である。

　音楽の解析（parsing）について Jackendoff は，連続単一選択解析プログラム（serial single-choice parser），連続不確定モデル（serial indeterministic model），並列複合分析モデル（parallel multiple-analysis model）を取り上げて検討している。それぞれのモデルに問題点のあることを指摘したうえで，三つのモデルのうちでは，選択機能（selection function）を追加した並列複合分析モデルがよいのではないかと述べている（Jackendoff（1992: 141））。そして，それを支持するものとして，言語処理との関係に言及している。

　心理言語学の分野では，コンテクストと語彙アクセス（lexical/word access）に関して実験に基づいた研究が行われてきているが，Jackendoff はそのような研究例として，Swinney（1979, 1982），Tanenhaus, Leiman, and Seidenberg（1979）を挙げるとともに，Onifer and Swinney（1981）の実験に言及しながら説明している。この実験では，被験者は（4）のような二つの文を音として聞くのに合わせ，スクリーンに映し出される MONEY, STUDY, RIVER, TWELVE のような文字の連鎖について，聞こえてくる文のいくつかのポイントで語彙決定（lexical decision）のタスクを行うというものである

(4) a. All the cash that was kept in the safe at the bank [1] was [2] stolen last [3] week when two masked men broke in.

　　　（先週，二人の覆面の男が侵入した際，銀行の金庫に保管されていたすべての現金が盗まれた）

　b. A large piece of driftwood that had been washed up onto the bank [1] by the [2] last storm stood [3] as a reminder of how high the water had actually risen.

　　　（この前の嵐で岸に打ち上げられていた大きな流木が，波が実際にいかに高いところまで達したかを思い起こさせるものとして立っていた）

(Jackendoff (1992: 143)（元は Onifer and Swinney (1981: 235)))

　この実験で興味を起こさせる点は，bank という語が，スクリーンに示された文字連鎖のうちのあるものの認識を促進（プライム）する（prime）ということである（STUDY や TWELVE に対する影響は見られない）。MONEY と RIVER に関しては，ポイント [3] の段階では，意味的な関係からも予想されるように，(4a) については MONEY，(4b) については RIVER がプライムされるが，実験開始から間もないポイント [1] や [2] の段階では，MONEY と RIVER の両方がプライムされている。この結果について Jackendoff は，早い段階では，両方の語が聞き手によって無意識にアクセスされているものと考えている。ただし，この問題はもう少し複雑で，Jackendoff は，(5) のような例を挙げ，文脈的な証拠による保証がない場合でも，言語プロセッサは最終的に一つの解釈を選択する必要があるとしている。

(5)　We went down to the bank to meet some friends we hadn't seen for a while.

　　（私たちは，しばらく会っていなかった友人に会うために bank まで下って行った）

(Jackendoff (1992: 144))

分析の不確定という点に関して Jackendoff は，別の言語処理の

例として (6) のような文を挙げている。

(6) a. The horse led a long way down the road fell.

　　　　（道路を長いこと引かれて下って行った馬が倒れた）

　　b. The horse led a long line of wagons down the road.

　　　　（その馬は荷車の長い列を引いて道路を下って行った）

(Jackendoff (1992: 145))

(6) の文については，それぞれ way と line の評価が下るまでは，led の解釈は未決定のままであるが，引き続く文脈に基づいて，led が過去分詞か本動詞か決まることで，適切な解釈が選択されることになる。このことについて Jackendoff は，音楽解析との類似性を指摘している。つまり，音楽についても，楽曲の出だしでは解釈が決まらないこともあるが，いくつかの分析が利用可能なものとして同時に解析プログラムにかけられ，必要な証拠が出てきた段階で，選択機能によって一つの分析に決まることになる。そして Jackendoff は，(5) の場合のように，正しい分析を決定するための証拠がない場合でも，頻度 (frequency)，妥当性 (plausibility) や構造的な単純さなどに基づいて一つの分析が選択されると考えている (Jackendoff (1992: 145))。

　以上，選択機能を追加した並列複合分析モデルを支持する言語処理について見てきたが，言語処理との類似性の中で，正しい楽曲の理解が無意識のうちになされている点は興味深い。

　なお，Jackendoff は，音楽理解における選択は，聞く人が持っ

ている知識や記憶とは独立に無意識に適用されるため，仮によく
知っている曲についても，何度聞いてもある種の感動が得られる
としている。

第 3 章

初期の研究

　本章では 1970 年代を Jackendoff の研究の初期ととらえ，著書を出し始めたその時期に，Jackendoff がどのようなテーマに関心を持っていたかを概観する。著書としては，Jackendoff（1972）と Jackendoff（1977）を取り上げるが，初期の研究がどのようなものであったかを見ることが主なねらいであるため，その紹介は踏み込んだものにはならないことをあらかじめお伝えしておく。

3.1.　文の意味

　Jackendoff が世界の言語学の舞台に登場したのは，Jackendoff（1972）からと考えてよいであろう。この本は彼の MIT の博士論文などを基にしたものであるが，生成文法における意味論の位置づけに新たな展開をもたらすものになった。この本で Jackendoff は，生成文法はどのような構成になっているか，とりわけ意味を扱う規則は，統語形式を決定する規則とどのように相互に関係するのかということを問題にした。そして，Jackendoff（1972）は，生成文法における意味論の枠組みを考えるにあたって，Katz and Postal（1964）に言及している。彼らの考え方からは，すべての意味的情報は基底構造に表示されるという結論が引き出されるとし，それを強い Katz-Postal 仮説と呼んだ。この

仮説は，すべての非語彙的な意味の違いは，深層構造の違いとして表示されるというもので，抽象的な深層構造の必要性を唱える生成意味論（Generative Semantics）の基本的な考え方につながったことは言うまでもない。しかし，生成意味論による基底構造規則，変形，派生制約からなる文法の一般化は，Chomsky（1972）などによる批判もあり，その後の言語学の中で大きな流れになることはなかった。このような状況の中にあって，Jackendoff（1972）が主張しようとしたことは，意味は基底構造だけに基づいて表示されるものではなく，深層構造から表層構造への派生の中で得られるというものであった。Jackendoff は，文の意味については，独立した現象として異なる分析を必要とするものもあると考え，対象となる意味表示を（1）のように四つに分けている。その主旨は，意味のすべては関数構造として表示できるわけではなく，文の意味解釈は異なる意味の側面に関するいろいろな種類の情報の集まりであると考えたのである。

（1）a. 関数構造（functional structure）

　　　　動作主性，移動，方向のような概念を含む，動詞によって誘発される文に見られる関係を表す階層構造。

　　b. 法構造（modal structure）

　　　　文が現実の世界の状況に対応するための条件を指定する階層構造。

c. 同一指示表 (table of coreference)

文における名詞句のペアが同一指示的かそうでない

かを示す。

d. 焦点と前提 (focus and presupposition)

文におけるどのような情報が新情報として意図され，

何が旧情報として意図されているかを示す。

(Jackendoff (1972: 3-5))

そして，(1) に基づくような考え方が，後の拡大標準理論 (Extended Standard Theory) や，意味解釈を表層構造のレベルで処理する痕跡理論 (trace theory) へとつながることになる。

以下では，このうちの関数構造と同一指示表，それに法構造について見ておくことにする。

3.1.1. 関数構造

関数構造は，基底の句構造に基づいて，動作主 (agent)，主題 (theme)，場所 (place)，起点 (source)，着点 (goal) など，文を構成する要素の意味関係，いわゆる主題関係 (thematic relation) が表示されるもので，Jackendoff は，この意味関係については Gruber (1965, 1967) において展開された考え方を参考にしている。たとえば，自動詞と他動詞の open の語彙項目エントリー (lexical entry) は (2) のように表示される。(2) の最下段に表示された意味特性が，後の概念構造につながることになる。

概念構造に関する説明の中で，主題関係は概念構造における位置に基づいて定義されると述べる場合があるが（たとえば Jackendoff (1990: 47)），その点も，関数構造の延長と見ることができる。

(2) a.
$$
\begin{bmatrix}
open \\
+\text{V} \\
+[\text{NP}^1 \underline{\quad}] \\
\begin{bmatrix} \text{CHANGE} \\ \text{physical} \end{bmatrix} (\text{NP}^1, \text{NOT OPEN, OPEN})
\end{bmatrix}
$$

b.
$$
\begin{bmatrix}
open \\
+\text{V} \\
+[\text{NP}^1 \underline{\quad} \text{NP}^2] \\
\text{CAUSE} (\text{NP}^1, \begin{bmatrix} \text{CHANGE} \\ \text{physical} \end{bmatrix} (\text{NP}^2, \text{NOT OPEN, OPEN}))
\end{bmatrix}
$$

(Jackendoff (1972: 41))

3.1.2. 同一指示表

Jackendoff (1972) が出版された頃の同一指示に関する考え方は，変形によって二つの同一の名詞句の一方を代名詞や再帰代名詞に変えるというものであった。Jackendoff は，同一指示は変形によっては言及できない，もっぱら意味的な特性で，同一指示は二つの名詞句の間の二項関係であるなどの考えに基づいて，同一指示表を用いた解釈的な分析を展開した。

　同一指示表に基づく解釈的な枠組みでは，代名詞や再帰代名詞は基底で生成される。例えば，(3) の文の同一指示表は，(4) の

ようになる。

(3) a.　John washed himself.

　　（ジョンは（自分の）体を洗った）

　　b.　John washed him.

　　（ジョンは（ジョン以外の）彼の体を洗った）

　　c.　John washed John.

　　（ジョンは（別の）ジョンの体を洗った）

　　d.　John washed Bill.

　　（ジョンはビルの体を洗った）

(4) a.　*John*　coref　　*himself*

　　b.　*John*　− coref　*him*

　　c.　*John*　− coref　*John*

　　d.　*John*　− coref　*Bill*

(Jackendoff (1972: 112–113))

(3) は単文の場合であるが，Jackendoff (1972) では，他のさら
に複雑な例について検討する中で解釈規則の精度を高め，変形に
よらない分析を提案している。なお，同一指示表の作成にあたっ
ては，文の構造に基づく代名詞化規則，再帰代名詞化規則，およ
び，二つの名詞句が実際に同一のものでなければならないという
適格条件としての一貫性条件（consistency condition）などが適
用されるが，ここではこれらの規則の説明については省略する。

3.1.3.　法構造

　法構造は現実の世界との対応を問題にする。たとえば，(5) の
ような文における a fish については，特定（specific）と不特定
（nonspecific）の解釈がありうる。

> (5)　John wants to catch a fish.
>
> 　　（ジョンは魚を釣りたいと思っている）［この文自体は曖昧］
>
> 　　　　　　　　　　　　　　　　　　　　　（Jackendoff（1972: 279））

通常，名詞句は特定の解釈を受けるが，want, look for, hope
for などの一連の動詞と共起する場合は，不特定の解釈になるこ
とがある。Jackendoff は，(5) における解釈の曖昧性は，a fish
が want の作用域（scope）の中に入る場合とそうでない場合があ
るためと考え，その二つの解釈を (6) のように表している。(6b)
の場合が want の作用域に入った場合で，動詞に依存して不特定
の解釈になるというものである。

> (6)　a.　John, a fish, want（　　　　）
>
> 　　　b.　John, want（a fish）
>
> 　　　　　　　　　　　　　　　　　　　　　（Jackendoff（1972: 285））

そして Jackendoff (1972) は，法演算子（modal operator）と呼
ぶ意味的な要素（want などの動詞が表す「非実現」（unrealized）
のほか，「未来」（future）や「可能」（possible）など）を用いて，
他の例を検討する中で解釈理論に基づく分析を深めている。

以上，関数構造，同一指示表，法構造について簡単に見てきたが，Jackendoff (1972) では，副詞，否定，焦点と前提の問題などについても，解釈規則を用いることで，不必要な変形によらない説明の可能性が提案されている。

3.2. X バー理論

Jackendoff の初期の研究として，もう一つ Jackendoff (1977) について見ておくことにする。この書の執筆に際して Jackendoff は，方法論上の方策として，あるシステムについて徹底して研究することがそのことの理解につながることを，また，多くの言語での検討が必要であることは認めるものの，一つの言語からの証拠でも実質的な言語的普遍性の証拠となり得ると述べている (p. 2)。分析の対象を英語にしている点は，Culicover and Jackendoff (2005: xv) にも同様の記述が見られるが，この点は，Jackendoff の研究が基本的に英語を対象にしたものであること，また，その分析がしばしば細かなところまで及ぶことがあることとも関連して興味深い。

Jackendoff (1977) の執筆は，Chomsky (1970) がきっかけになっている。この論文で Chomsky は，John's criticism of the book（ジョンのその本の批評）のような派生名詞（derived nominal）については，John criticized the book. から変形を用いて派生するのではなく，語彙論的仮説（Lexicalist Hypothesis）に基

づいて，基底部門で直接生成する方法をとった。そして，そのような分析を背景にして，動詞や名詞などの間に見られる統語的な類似性を基盤として構築されたのが X バー理論と呼ばれるもので，その基本的な構造は（7）のようなスキーマ（schema）で表される。

(7)

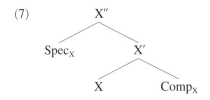

(Jackendoff (1977: 17))

（7）において，X は V，N などの語彙範疇（lexical category）で，主要部（head）を表す。そして，$Spec_x$ と $Comp_x$ は，それぞれ X の指定部（specifier）と補部（complement）を表す。なお，Jackendoff (1977) は，最大投射（maximal projection）（(7)では X″）に三つのバーを付与する統一的 3 レベル仮説（Uniform Three-Level Hypothesis）を提示して分析を進めているが，ここではこれ以上触れないことにする。

　Jackendoff (1977) は，X バー理論に沿って英語の句構造について詳しく分析したものである。この本の初めで Jackendoff は，言語構造の理論はできるだけ言語学習者にとって学習が容易なもの，つまり，普遍的な部分を最大限にするものを選択すべきであると述べている（p. 1）。X バー理論の考え方は，その後の Jackendoff の研究に引き継がれており，本書の第 4 章でも言及することになる。

第 4 章

概念意味論と並列機構

4.1. 概念意味論の誕生

　言語学者としての Jackendoff が関心をもつのは意味論的な側面である。その研究は Jackendoff（1983）で大きな展開を見ることになる。この展開こそ，Jackendoff の思想の代名詞でもある概念意味論の誕生である。もちろん，概念意味論は突然出てきたものではなく，第1章で見た初期の研究の延長線上にあることは確かである。Jackendoff（1983）を境にして，Jackendoff の研究は，言語，思考，認知などの問題にシフトしてゆくことになるが，そこには，今日の Jackendoff の原点を見ることができる。

　1970 年代の半ばに，Jackendoff が関心を持っていた問題は，動詞と前置詞が表す意味場に見られる文法的，語彙的な一般化である。たとえば，動詞 keep は，keep the book on the shelf（本を棚に置いておく）（位置の維持），keep the book（本を所有する）（継続する所有），keep Bill angry（ビルを怒らせておく）（特性の維持），keep Bill working（ビルを働かせる）（強制）のように，いろいろな意味を表すのに使われるが，Jackendoff は，これは語彙・文法の体系が表す概念の構造から生じるものとし，この種の分析を進めれば，言語構造を通して思考の性質を明らかにすることができるのではないかと考えたのである。

そして，Jackendoff（1983）執筆の目的を，自然言語における意味の性質とは何か，また，自然言語の文法的な構造は，知覚と認知についてどのようなことを明らかにするかという問題の解明にあると考えた。このために Jackendoff がとったスタンスは，自然言語の意味論を研究することは，認知心理学を研究することというもので，人間は知覚したことを言葉で話すことができるが，そうであるならば，自然言語の文法構造は，認知の理論に対して，新しい重要な証拠を与えるはずであると考えたのである。

意味論については，従来から，以下のようなことを備えていなければならないことが広く認められていた。それは，(a) 意味論は自然言語が表す意味的な違いを明らかにするものでなければならないという表現性（expressiveness），(b) 言語の間には翻訳可能性が見られることから，個別言語によって使われる意味構造は普遍的でなければならないという普遍性（universality），(c) 部分の意味を組み合わせて，文全体の意味を導く方法を提供するものであるという構成性（compositionality），そして，(d) 同義性や反意性などの意味的な性質を説明するものであるという意味特性（semantic properties）であった（Jackendoff (1983: 11)）。

しかし，Jackendoff は，これらの基準は重要ではあるが，これだけでは，統語構造がいかにして思考の性質を反映するかについて直接的にはかかわらないとして，以下の二つの制約を追加することになった。

(1) a. 文法制約 (Grammatical Constraint)

意味の理論については，統語論とレキシコンの間の一般化を説明するものを選択するべきである。

b. 認知制約 (Cognitive Constraint)

言語によって伝えられる情報と，視覚，非言語的聴覚，嗅覚，運動感覚などの周辺的なシステムからの情報が両立するような表示のレベルが存在するに違いない。

(Jackendoff (1983: 13, 16))

そして，(1b) を具体化するものとして (2) のような仮説を提案した。

(2) 概念構造仮説 (Conceptual Structure Hypothesis)

言語，感覚，そして運動に関する情報が両立するような単一の心的表示のレベル，すなわち概念構造が存在する。

(Jackendoff (1983: 17))

一方，(1a) の文法制約は，意味論は統語構造と意味構造の違いをできるだけ小さくするべきであるというもので，従来の量化論理学 (quantificational logic) にはこの点の考慮が欠けているとしている。

　以下の節では，概念構造に関連した事項をいくつか取り上げる

ことにする。

4.2.　主題関係と意味場

　第 3 章では，Gruber（1965）に基づいた主題関係の考え方が，
Jackendoff の言語理論で重要な役割を果たすことになったこと
を，そして，4.1 節では，動詞 keep がいろいろな意味場を表す
のに使われることを見た。Jackendoff は概念意味論において，
主題関係の考え方を意味場との関係でさらに発展させ，概念構造
の形成の際の基盤と位置づけることになる。その方針は，主題関
係仮説（Thematic Relations Hypothesis）としてまとめられてい
る。その主旨は，「事象」や「状態」のどの意味場においても，事
象，状態，経路，場所の関数は，空間的場所や移動の分析に用い
られる関数の部分集合（subset）で，場の違いは，主題や指示物
（reference object）として，どのようなものが現れるか，また，
どのような関係が，空間表現における場所の役割を果たすかによ
るというものである（Jackendoff（1983: 188））。

　具体的には，適格性規則（well-formedness rule）として（3）と
（4）を挙げ，事象と状態，それに使役の概念の構造を提示した。

（3）a.　$[\text{EVENT}] \rightarrow \left\{ \begin{array}{l} [_{\text{Event}} \text{ GO } ([_{\text{Thing}} x], [_{\text{Path}} y])] \\ [_{\text{Event}} \text{ STAY } ([_{\text{Thing}} x], [_{\text{Place}} y])] \end{array} \right\}$

b.
$$[\text{STATE}] \rightarrow \left\{ \begin{array}{l} [_{\text{State}} \text{ BE } ([_{\text{Thing}} x], [_{\text{Place}} y])] \\ [_{\text{State}} \text{ ORIENT } ([_{\text{Thing}} x], [_{\text{Path}} y])] \\ [_{\text{State}} \text{ GO}_{\text{Ext}} ([_{\text{Thing}} x], [_{\text{Path}} y])] \end{array} \right\}$$

(4) $$[\text{EVENT}] \rightarrow \left\{ \begin{array}{l} [_{\text{Event}} \text{ CAUSE } ([_{\left\{\substack{\text{Thing} \\ \text{Event}}\right\}} x], [_{\text{Event}} y])] \\ [_{\text{Event}} \text{ LET } ([_{\left\{\substack{\text{Thing} \\ \text{Event}}\right\}} x], [_{\text{Event}} y])] \end{array} \right\}$$

(Jackendoff (1983: 174, 178))

（3）と（4）は事象と状態の基本的な概念構造を表すが，非空間的な意味場（時間（Temporal），分離可能な所有（Alienable possession），同一性（Identificational），状況（Circumstantial）など）については，下付きの説明がついた関数として，BE_{Temp}，GO_{Poss}，BE_{Ident}，AT_{Circ} のように表記した。

　以上のことからは，概念構造における事象や状態は，空間の概念化から引き出される限られた原理によって組織化されることが見てとれる。なお，空間的な場が卓越しているが，これについてJackendoff は，空間場が視覚や触覚などの非言語的な認知に強く支えられているためとし，それは言語より空間的な認知が先行した進化の面からも言えると考えている（Jackendoff (1983: 210)）。

4.3.　Piaget/Lakoff との比較から見る空間と所有の概念

　4.2 節では，主題関係仮説に基づく Jackendoff の考え方を見

たが，Jackendoff（1992: Ch. 3）では空間と所有の概念の関係について，主題関係仮説における生得性を基盤として，Piaget（1970）や Lakoff（1987 など）の考え方と比較しながら検討している。

　Jackendoff は，Piaget は子どもの概念の獲得については，感覚および運動の概念から抽象的な領域，そして，最後は純粋な論理的概念という順序に従って獲得してゆく仮説に基づいていると考える一方，Lakoff の場合は，抽象的な概念は，具体的な知覚概念の基盤から，メタファー（metaphor）によって構築されてゆくという主張をしているとしている。

　Jackendoff は（5），（6）のような例を挙げながら，空間的移動と所有権の移動については，生得的な概念適格性規則（conceptual well-formedness rule）に基づいて同じように形成されると考える。

(5) a.　Bill gave a book to Harry.

　　　　（ビルはハリーに本をあげた）

　　b.　Harry received/got a book from Bill.

　　　　（ハリーはビルから本をもらった）

　　c.　The book was a present/gift from Bill to Harry.

　　　　（その本はビルからハリーへの贈り物であった）

　　d.　Harry gave the book back to Bill.

　　　　（ハリーはその本をビルに戻した）

    e.   Bill gave the book away.

       （ビルはその本をあげてしまった）

(6) a.   Bill went to the store.

       （ビルは店に行った）

    b.   Harry came from the store.

       （ハリーは店から戻ってきた）

    c.   We were on a train from Boston to Philadelphia.

       （私たちはボストンからフィラデルフィアまで列車に乗っていた）

    d.   Then we went back to Boston.

       （それから私たちはボストンに戻った）

    e.   Bill pushed the food away.

       （ビルはその食べ物を押しのけた）

(Jackendoff (1992: 60-61))

Jackendoff の枠組みでは，(5) と (6) に見られる類似性はこれらの表現の基底にある概念構造の類似性に基づいていると考えることにより，空間と所有の表現は概念適格性規則にあらかじめ備わっているものとして形成されることになる。そして，空間と所有の概念の違いとして，move a book toward Bill と *give a book toward Bill の容認可能性の違いを挙げている。所有の概念が空間概念の拡張によって構築されるとすれば，このような違いは生じないはずであるというものである。

　そして，子どもが新しい領域の概念を獲得するためには，この
領域は概念適格性規則によってあらかじめ用意されている可能性
の中にあるはずであるとし，子どもにとって新しい領域は，それ
まで気づかなかったとしても，「発見」される形で構築されると
考える。概念構造が生得的な構成的体系から構築されるものとす
れば，概念構造は多くの新しい可能性を供給できるため，そのう
ちのいくつかの領域が実際に使われることになるわけである。空
間と所有の関係については，生得的な概念適格性規則に基づくと
する Jackendoff と空間からの展開／拡張としてとらえる Piaget
や Lakoff の間に考え方の違いが見られるが，概念の獲得の問題
を考える際には重要な要素となることが感じられる。

4.4.　語の意味：クラスター概念

　語の意味の分析については，これまでいろいろな形で提案がな
されてきたが，その研究の過程の中から浮かび上がってきた一つ
の特徴的な考え方は，意味を素性体系に基づいて，必要十分条件
で規定するのはむずかしいということであろう。Jackendoff は，
この点についていくつかのケースを取り上げているが，その中で
代表的なものが climb のケースで，(7) のような例を挙げて分
析している。

　(7)　a.　Bill climbed (up) the mountain.

（ビルは山に（を）登った）

b.　Bill climbed down the mountain.

（ビルは山から下りた）

c.　The snake climbed（up）the tree.

（その蛇は木に（を）登った）

d.?*The snake climbed down the tree.

（Jackendoff（2002: 353））

(7) においては，「上方移動」および「努力を要する，つかむような動き」（Jackendoff はそれぞれを，'rise' と 'clamber' で表している）が文の容認可能性の違いを決める条件になっていることがわかる。つまり，人間が主語の場合は，上方移動，下方移動の両方が可能であるが，蛇が主語になると，下方移動については，二つの条件に違反するため，その動きを climb として特徴づけることはできなくなるというものである。

　Jackendoff は，(7) のような例における文の容認可能性の違いを説明するには，クラスター概念（cluster concept）の考え方が必要であると考える。それは，(7) における二つの条件については，どちらか一つが認識されれば，その文は容認可能となるとする考え方で，二つの条件が認識される (7a) のような文は，climb についての典型的な場合ということになる。

　Jackendoff（2002）は climb の分析についてクラスター概念を使っているが，Jackendoff（1985）で提案された UPWARD と

CLAMBERING による優先規則（preference rule）の考え方も同様のものと見てよい。優先規則は，Lerdahl and Jackendoff (1983) において楽曲のグルーピング（2.5.3 節参照）の際に用いられたものを単語の意味分析に応用したもので，必要十分条件では捉えきれない語の意味について柔軟な対応を示したものである。そして，Jackendoff (1983) では see について，また，Jacken-doff (2002) では，Garrod, Ferrier and Campbell (1999) に基づいて，前置詞の in について，climb と類似した分析を提示している。なお，Lerdahl and Jackendoff (1983) に基づく認知的な音楽の分析では，preference rule に対して「選好ルール」のような日本語訳が使われているようであるが，本書では特に訳語の統一はしないことにする。

　次に，クラスター概念との関連で，素性を使った分析の有効性について見ておくことにする。Jackendoff (1992: 43-48) は，素性による分析がうまく機能しない場合について，いくつか例を挙げながら説明している。上で見たクラスター概念の場合もそうであるが，duck / goose のような事物の形，run / jog のような移動の様態（manner），それに，hot / warm などの温度や色の場合などがその例になる。事物の形や移動の様態については素性による区別は難しいため，Jackendoff は空間構造から情報を取り込む形で処理を考えている（2.5.2 節も参照）。温度や色は，連続した領域における焦点的な価値（focal value）が問題になるケースであるが，語の意味を余すところなく離散的な素性に分解すること

はやはり難しい。温度や色の場合については，Jackendoff は，知覚の対象（percept）は，焦点的な価値からの距離に基づいて範疇化されるとする方向で改善策を考えているようである。

4.5. 概念構造の形成と統語構造

　以下では，Jackendoff（1990）に沿って，概念構造における関数と項の関係と統語構造との対応について見ることにする。なお，動詞と名詞などの間に見られる共通性を述べた X バー理論については 3.3 節で触れたが，Jackendoff は，概念構造の形成にもこの考え方と類似したものが見られるとして，それを X バー意味論（X-Bar Semantics）と呼んでいる。

　概念構造の形成規則は，意味論的品詞とでも呼ぶべき概念範疇（conceptual category）（事物，事象，状態，場所，経路など）を含み，それぞれが（8）のような関数─項の構成に展開される。なお，EVENT や STATE および使役を含む EVENT については，多少表記の仕方は異なるが 4.2 節で触れているので，ここでは PLACE と PATH について挙げることにする。

　（8）a.　[PLACE] → [$_{Place}$ PLACE-FUNCTION（[THING]）]

b.
$$[\text{PATH}] \rightarrow \left[\begin{array}{l} \left\{\begin{array}{l} \text{TO} \\ \text{FROM} \\ \text{TOWARD} \\ \text{AWAY-FROM} \\ \text{VIA} \end{array}\right\} \left(\left[\left\{\begin{array}{l} \text{THING} \\ \text{PLACE} \end{array}\right\}\right]\right) \end{array}\right]_{\text{Path}}$$

(Jackendoff (1990: 43))

Jackendoff の枠組みでは，統語構造と概念構造の間で対応がなされ，文の句成分としての S, NP, PP などが概念構造の概念成分と対応する。その対応は (9) のような例に見られる。

(9) a. 統語構造

[$_S$ [$_{NP}$ John] [$_{VP}$ ran [$_{PP}$ into [$_{NP}$ the room]]]]

b. 概念構造

[$_{Event}$ GO ([$_{Thing}$ JOHN], [$_{Path}$ TO ([$_{Place}$ IN ([$_{Thing}$ ROOM])])])]

(Jackendoff (1990: 45))

(9) は，文が事象全体に，そして，動詞が事象関数としての GO に対応して，この文が移動を表すことを示している。文の主語は GO の第 1 項，前置詞句は第 2 項に対応し，第 2 項自体は複合的で，経路関数 TO が項として場所，場所関数 IN が事物項を取り，それが前置詞の目的語と対応する。そして，(9) のような対応を支える語彙項目エントリーは (10) のような形で表記される。統語構造と概念構造は指標を通して対応する。(10b) における

< > は PP が随意的であることを示している。

(10) a.
$$
\begin{bmatrix}
\text{into} \\
\text{P} \\
\underline{\quad\quad} \text{ NP}_j \\
[_{\text{Path}} \text{ TO } ([_{\text{Place}} \text{ IN } ([_{\text{Thing}} \quad]_j)])]
\end{bmatrix}
$$

b.
$$
\begin{bmatrix}
\text{run} \\
\text{V} \\
\underline{\quad\quad} \text{ <PP}_j\text{>} \\
[_{\text{Event}} \text{ GO } ([_{\text{Thing}} \quad]_i, [_{\text{Path}} \quad]_j)]
\end{bmatrix}
$$

(Jackendoff (1990: 45))

4.6. 空間構造

Jackendoff は Jackendoff (1983) の認知制約に基づいて，言語の意味と種々の感覚から得られる情報が両立するようなレベルとして概念構造を設定したが，1990 年代の中頃からは，感覚様相からの情報に関して空間構造というレベルを設けるようになっている。Jackendoff (2002: 346-348) によれば，空間構造は，基本的には物理的な世界の空間的理解をコード化する役割を持ち，形，運動，それに事物の配置などについて，瞬間だけでなく，幅を持った時間の中で統合したものということになる。場所としては視覚体系の一番上にあり，視覚だけでなく，触覚や自分の体の位置に関する自己受容（proprioception）などから得られ

る情報を受け入れ統合する。この統合によって，人間は事物を見ることによって，どこに手を伸ばすべきか，それを手に取った時にどのように感じるかがわかることになるというものである。

　概念構造と空間構造の役割分担については，言語の文法的な側面については概念構造のみに言及し，空間構造には言及しないとしている。空間構造は言語が視覚や触覚などと間接的につながるところで，そのつながりによって人間は見たものを言語で表すことができることになるというものである。Jackendoff は，意味に関する概念構造と空間構造の分離を盛り込んだ体系を (11) のような図として表している。なお，(11) における「機能的な心」は，機能主義に基づいた心の規定で，心の一般的な用法と区別するために使われている (2.4 節参照)。

(11)

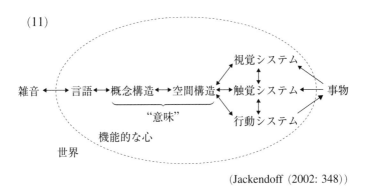

(Jackendoff (2002: 348))

　(11) に関連して，Jackendoff は，すべての語彙項目が空間構造を備えているわけではなく，fairness や value などのような抽

象的概念や and, if などの論理的概念は空間構造をもたず，概念構造のみを持つとしている。そして，音，味，匂い，それに感触を表す語は空間構造ではなく，これらの感覚様相と関連する部門を持っているかもしれないと述べている。ただ，Jackendoff (2010: 114) に掲載されている図には，smell が概念構造とつながっているとする記述があったり，Jackendoff (2002: 346) には，聴覚による位置同定が空間構造の働きと見ている記述もあるなど，概念構造と空間構造の役割には曖昧なところも見られるようである。なお，この点に関連して，目と耳が不自由であった Helen Keller が，どのように触覚などを使っていたかについては，米山 (2020: 3.4 節) を参照されたい。

4.7. 並列機構

　生成文法においては，その中心は統語論で，音韻論と意味論はあくまで統語構造に基づく解釈的な部門であるというのが1960年代からの一般的な考え方である。Chomsky の提唱してきた標準理論 (Standard Theory)，修正拡大標準理論 (Revised Extended Standard Theory)，GB 理論 (Government Binding Theory)，ミニマリスト・プログラム (Minimalist Program) という生成文法の展開の中でも，統語論中心の流れは脈々と受け継がれてきた。Jackendoff は，この流れを主流派生成文法と呼んだが，彼が手掛けてきたことは，この主流派生成文法の考え方に対する

対案を提示することであったと言ってもよいであろう。

　Jackendoff が並列機構という表現を用い始めたのは，Jack-endoff（1997）あたりからである。その時は三部門並列機構（tri-partite parallel architecture）としていたが，最近では tripartite は省略して，単に並列機構と呼ぶようになっている。主流派生成文法が，統語論だけに自律性を持たせ，音韻論と意味論については統語論の情報を基にしたあくまで解釈的なものと考えるに対し，並列機構は三つの部門に自律性を与え，それぞれについてはインターフェイスとしての対応規則で関連づけをしようというものである。生成文法との関連では，いろいろな理論的枠組みが提案されてきている。その中には，意味部門を重視して，統語論をはずす考え方も出ているが，Jackendoff の場合は，基本的な構造を構築するためには統語的原理が必要と考え，統語論（主流派生成文法と比べると，より単純なものを想定しているが）の役割を保持している点が特徴である。

4.7.1.　並列機構を支持する事項

　並列機構の考え方を提示するにあたって，Jackendoff（2002 など）はいくつかの事項をその「証拠」として挙げている。ここでは，進化と三部門の構造の対応，それにイディオムの問題について見ることにする。

　Jackendoff の並列機構を支えるのは，表示的モジュール性（Representational Mudulariry）（Jackendoff（1997））という考え

方である（Jackendoff（2002）では，構造に制約されたモジュール性（structure-constrained modularity）という用語が使われている）。それは，脳／心は，別々の形式（「心の言語」（languages of the mind）とも呼んでいる）で情報をコード化するというものである。それぞれの「言語」は，基本的単位と構成性の原理（principle of compositionality）に基づいた形式的な体系で，それによって無限の表現を定義することになる。

　このような考え方に基づく並列機構の枠組みでは，言語のとらえ方に関して統語論中心主義とは異なるところが出てくる。

4.7.1.1.　進化

　並列機構を支持する観点からの言語進化の問題は，Jackendoff（2007: 72–75）にわかりやすくまとめられているので，はじめに見ておくことにする。

　まず，統語論中心の枠組みでは，すべてが統語構造に依存することになるが，統語論が最初に発達したとすると，意味のない，また，知覚できない統語構造が生成されてしまうことになる。これでは，知覚できるアウトプットがないため，子どもはどのようにして統語構造を習得できるのかという問題が生じることになる。

　一方，並列機構の枠組みでは，言語が表す概念の体系は脳／心の独立の部門ということになる。概念の体系は他の哺乳類にもある程度存在すると考えられているが，我々の祖先の場合にも，言

語以前に存在していたはずである。Jackendoff は，我々の祖先は思考はしていたが，それを言葉に表す方法を欠いていたものとし，進化においては，意味が言語の最初の生成部門として出現したと考えている。

　言語の進化については，初期の段階は文法的な構成を伴わず，簡単な発声をシンボル的に使っていたと想定されるが，このような段階の存在は統語論中心の枠組みでは論理的に不可能ということになる。Jackendoff は，hello や yes などの語彙項目は，このような初期の段階の進化的な遺物ではないかと考えている。言語の生成部門として，意味に続いて起こったのが音韻構造に類似した発声の組織化で，これにより，多くの語彙が区別ができ，学習可能なものとなる。そして，最後に単語をより大きな発話につなげる新しい働きとして，統語論が音韻論と意味論の間のインターフェイスのいわば過給機（supercharger）として出現することになる。Jackendoff は，この過給機の機能こそ，並列機構における統語論の機能としてふさわしいものと考えている。

　そして，進化との関連では，Jackendoff（2002: Ch. 8）と Jackendoff（2010: Ch. 13）が複合語（compound word）の問題に触れている。

　Jackendoff は，名詞の結合から成る複合語について，（12）のような例を挙げ，その解釈がさまざまであることを示している。

(12) a. 場所関係 (Locative relations)

doghouse (犬小屋) = 犬が住む家

housedog (飼い犬) = 家に住む犬

b. 部分 – 全体の関係 (Part-whole relations)

wheelchair (車椅子) = 部分として車を持つ椅子

chairleg (椅子の脚) = 椅子の部分として役割を果たす脚

snowman (雪だるま) = 雪でできた男 (以下の「男」も同様に man に対応する訳語)

cake flour (ケーキ用の小麦粉) = ケーキを作る小麦粉

c. 類似関係 (Resemblance relations)

zebra fish (縞のある魚) = シマウマに似た魚

d. 事物による，または事物に対する行為 (Actions performed by or on objects)

garbage man (ゴミ収集人) = ゴミを運び去る男

fruit man (果物売り) = 果物を売る男

sun hat (日よけ帽) = 日光から守る帽子

butter knife (バターナイフ) = バターを塗るために使うナイフ

(Jackendoff (2002: 249))

Jackendoff はこれらの例を踏まえて，複合語の意味はどのようにして組み立てられるのかという問題を取り上げている。この

問題を検討するにあたり，Jackendoff は Bickerton (1990) の，人間の言語能力は二段階で進化したという考え方を参考にしている。そして，その二段階を原型言語 (protolanguage) と近代言語 (modern language) と呼び，原型言語については，近代言語から統語論を除いたもの (modern language minus syntax) (Jackendoff (2002: 235)) としている。なお，「近代言語」という表記は Jackendoff が用いたもので，Bickerton (1990) は「(真の) 言語」((true) language) という表記を用いている。

　Jackendoff が複合語を取り上げるねらいは，現在の複合語は Bickerton のいう原型言語の化石 (fossil) (Jackendoff (2002: 236)) であることを示すことにある。Jackendoff は Bickerton の分析を踏まえ，問題になっている複合語の性質と似たものが，本書でも取り上げたピジン (2.3 節)，ジーニー (Genie) のケース (2.2 節) のほか，言語習得における二語段階，それに実験で言語を学ぶ訓練を受けた類人猿 (ape) にも見られるとしている。それぞれ，語彙に関してはある程度の習得はあるものの，文法的な面については未熟であるということが共通していることになる。

　Jackendoff (2010) は，[N N1 N2] の複合語だけでなく，三語以上の名詞によるものや名詞以外の形容詞や前置詞を含む数多くの例を挙げ，複合語の意味は，単にその成分の意味と統語的な結びつきだけで決定されるわけではないことを示している。そして，複合語の解釈は，文の意味とコンテクスト (社会的な文脈も含む) の理解によってなされるものであり，複合語の形成は原型

言語に見られる，より単純なシステムの名残の有力な候補になるとしている。

　語彙と語用論（pragmatics）から成る複合語解釈は，言語習得における二語段階の子どもの状況などと類似しているが，同時に並列機構の枠組みとの関係が見てとれる。Jackendoff は，並列機構の枠組みにおいては，原型言語は音韻的な部門と意味的な部門で構成され，それに音韻論と意味論の間の直接的なインターフェイスがプラスされたもので，近代言語の下位システム（sub-system）と見なされると考える。一方，音韻的，意味的な組み合わせの働きは統語論の生成能力に依存していると考える主流派生成文法の枠組みでは，原型言語は近代言語とは全く関連のないシステムと見なさなければならなくなるであろうと述べている（Jackendoff (2010: 423)）。

4.7.1.2.　三部門の構造の対応

　Jackendoff は，音韻構造，統語構造，概念構造の対応において，必ずしも音韻構造や概念構造が統語構造の情報に基づいて形成されるわけではないということをよく問題にする。音韻構造と概念構造は，それぞれ独自の構造を持っており，統語構造のいわゆる品詞の組み合わせからは引き出せないような構造で構成されているというもので，それを（13）のような例（元は Chomsky (1965: 13)）を使って説明している（(13) においては，CP は補文標識（complementizer）を主要部とする句，IntP はイントネー

ション句を表す)。

(13) a.　統語論：

[_{NP} this] [_{VP} is [_{NP} the cat [_{CP} that [_{VP} caught [_{NP} the rat [_{CP} that [_{VP} stole [_{NP} the cheese]]]]]]]]

(これはチーズを盗んだネズミをつかまえた猫です)

b.　音韻論：

[_{IntP} this is the cat] [_{IntP} that caught the rat] [_{IntP} that stole the cheese]

(Jackendoff (2002: 119))

(13) における異なる二つの括弧づけからは，音韻構造が統語構造に依存していないことが見てとれる。なお，(13b) に関連して，Jackendoff (2002: 119) は，Chomsky が言語運用 (performance) の問題だとしていることに対し，(13b) は言語運用のエラーではなく，この文の理想的なイントネーションを表していると述べている。

　同様のことが，統語構造と概念構造の対応についても言える。

(14)　Chomsky is on the top shelf next to Plato.

(チョムスキーの本は，一番上の棚のプラトンの本の隣にあります)

(15)　A:　What kind of pizza would you like?

(どんなピザがいいですか)

B:　How about pepperoni?

　　（ペパローニにはどう）

(Jackendoff (2007: 46-47))

(14) は「指示転移」(reference transfer) と呼ばれるものである
が，「チョムスキー / プラトンの本」という解釈を引きだすにあ
たって統語構造が反映していると考えることはできないであろ
う。また，(15) における B の返事は，ペパローニを食べたいと
いう希望を表しているが，やはり，A の統語構造（質問）を反映
したものではない。

　(15) の例については，統語論中心の枠組みでは，B の返事を
正しく解釈するためには何らかの統語的な操作が必要になってく
る。一方，並列機構の枠組みでは，そのような操作は必要なく，
語用論的な方略に基づいて適切に処理されることになる。

　なお，統語構造と概念構造の対応については，Jackendoff
(1997: 33-34 など) は，たとえば NP は事物を表すだけでなく，
地震（earthquake）のように事象を表す場合もあるように，概念
構造における行為や状態のような概念範疇と統語構造における品
詞が一対一に対応しないことにもよく言及する。

4.7.1.3. イディオム

　ここまで，並列機構に関連して，進化と三部門の構造の対応に
ついて見てきたが，最後に，イディオムの扱いについて簡単に触

れておくことにする。

　Jackendoff（1997）は，レキシコンには単語ばかりでなく，イ
ディオムをはじめ，さまざまな固定表現が長期記憶として蓄えら
れていると考える。その一つの例として，アメリカのクイズ番組
Wheel of Fortune（運命の車）について触れている。この番組は，
司会者の問いに対して，解答者が決まり文句（cliché），複合語，
地名，歌の題名などを答えるものであるが，Jackendoff は，ア
メリカの英語の話し手はこれらの語を記憶として蓄えていると考
える。そして，表示的モジュール性に基づく並列機構では，三部
門の構造の間の関係はインターフェイスとしての対応規則によっ
てとらえられるため，語よりも大きな単位の固定表現について
も，認可は問題なく扱えると考えている。イディオムに関して
は，（16）のような例を挙げている。

　(16)　*bury the hatchet*

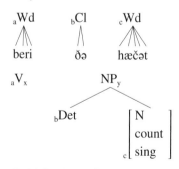

[RECONCILE （[　]$_A$, [DISAGREEMENT]$_y$)]$_x$

(Jackendoff (1997: 168))

70

(16) においては，統語構造が音韻構造と概念構造概念構造と指標に基づいて対応し，認可が行われる。（並列機構における語彙認可 (lexical licensing) と派生に基づく統語論中心の枠組みにおける語彙挿入 (lexical insertion) の関係については，Jackendoff (1997, 2002) を参照。）

なお，イディオムについては，受身になってもイディオムの性質を維持する場合とそうでない場合がある。(16) の bury the hatchet(仲直りをする) は受身文が可能であるが，kick the bucket (死ぬ) の場合は，受身文にするとイディオムの性質は消失し，「バケツが蹴られた」という文字通りの意味になる。これについて Jackendoff は，(17) のような構造を考えることで説明する。

(17) *kick the bucket*

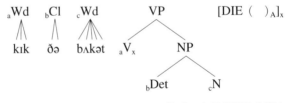

(Jackendoff (1997: 169))

(16) と (17) の違いは，イディオムとしての kick the bucket の場合は，bucket には独立の意味はなく，主題役割を持たないのに対し，bury the hatchet の場合は，the hatchet が「不和」のような意味を持ち，主題役割を通して bury と連結するため，移動が可能になると考えている。

4.7.2.　より単純な統語論

　Jackendoff は，並列機構の枠組の採用とあわせて，従来から統語論については複雑な構造を持たせない方針をとってきている。統語論だけが生成的で，音韻論と意味論は解釈的な主流派生成文法に対し，三部門それぞれに自律性を持たせる並列機構を考えれば，統語論の役割も軽くなるはずである。この点については，Culicover and Jackendoff（2005）で取り上げられているので触れておくことにする。Culicover and Jackendoff の統語論に対する考え方は，(18) のような，より単純な統語論仮説（Simpler Syntax Hypothesis）の中に見ることができる。

(18)　より単純な統語論仮説

　　　最も説明的な統語理論は，音韻論と意味の間を仲介するために必要となる最小の構造を帰属させるものである。

(Culicover and Jackendoff (2005: 5))

より単純な統語論の説明の仕方の例としては，(19) のようなものが挙げられている。

(19)　A:　I hear Harriet's been drinking again.

　　　　（ハリエットがまた飲んでいるようだね）

　　　B:　i.　Yeah, scotch.（うん，スコッチを）

　　　　　ii.　Yeah, every morning.（うん，毎朝）

iii. Scotch? (スコッチを？)

iv. Not scotch, I hope! (スコッチでないことを願うよ)

(Culicover and Jackendoff (2005: 6))

派生に基づく主流派生成文法の考え方によれば，隠れている基底構造を設定し，削除のような操作を加えて (i) から (iv) の表現を説明することになるが，より単純な統語論の枠組みでは，基底の形はこのままで，統語論と意味論はインターフェイスによって関係づけられるため，複雑な基底構造を設定する必要はないというものである。Culicover and Jackendoff (2005) ではさまざまな現象が取り上げられ，並列機構に基づいた音韻論，統語論，意味論の関係が提案されている。

4.7.3. 単純な構成と豊かな構成

　言語の意味を考えるにあたって Jackendoff が基盤としているものは，構成性の原理であり，概念意味論の成立の際に提案された文法制約の背景にもこの考え方があった。4.1 節でも触れたように，量化論理学のような枠組みでは，統語構造と意味構造の関係を適切に捉えることができないというものである。当時想定されていた統語構造と意味構造の対応は，文を構成する個々の単語の意味を反映するような，どちらかというと透明なものであり，その後，Jackendoff 自身も述べているように，統語構造と意味構造の間のいわゆるミスマッチ (mismatch) の問題が出てくる中

で，構文（construction）などに光が当てられ分析の対象となっ
てきた。Jackendoff（1997: 48–49）は，統語的に透明な意味構
成（syntactically transparent semantic composition）については
単純な構成（simple composition），その他のものについては豊
かな構成（enriched composition）と呼び，単純な構成は豊かな
構成のデフォルトの場合にあたるとしている。

　本節では，Jackendoff（2002）に沿って，豊かな構成に焦点を
合わせながら，言語の意味が持つ興味深い一面について見ること
にする。Jackendoff（2002）には，豊かな構成の例として，以下
のような文が挙げられている。

(20)　The ham sandwich over in the corner wants more cof-
　　　fee.
　　　（あそこの隅でハムサンドを食べている人がもう少しコーヒー
　　　を欲しがっている）

(21) a.　Sam slept until the bell rang.
　　　　（サムはベルが鳴るまで寝た）

　　 b.　Sam jumped until the bell rang.
　　　　（サムはベルが鳴るまでジャンプを繰り返した）

(22) a.　Kim cooked the pot black.
　　　　（キムは料理をして鍋を黒焦げにした）

　　 b.　The train rumbled down the tracks.
　　　　（列車はごーごーと音を立てて線路を下って行った）

c. Nora knitted the afternoon away.

（ノラは午後の間編み物をして過ごした）

(23) a. A: When does the train leave?

（列車は何時に出ますか）

B: (At) 6:30 （6 時 30 分です）

b. A: How do you keep from getting nervous?

（どうやってあがらないようにしていますか）

B: By drinking. （お酒を飲んで）

(Jackendoff (2002: 388–394))

(20) から (23) の例は，本書ですでに言及された例と関連する
ものもある。たとえば，(23) は，より単純な統語論導入のきっ
かけになったものと考えてよい例である。派生に基づく統語論中
心の考え方では，基底に完全な文を想定し，削除の操作によって
B の答えを導くことになるが，Jackendoff の並列機構の枠組み
では，B の答えはそのままの形で，意味構造と統語構造はイン
ターフェイスによって対応することになるため，複雑な操作は不
要となる。

(20) （元は Numberg (1979) の例）については，(16) と同様
Jackendoff が指示転移の例として扱ってきたものである。the
ham sandwich という名詞句が「ハムサンドを食べている人」と
いう意味を持つと考えることには無理があり，文を構成する要素
が持つ，表示されていない関係から必要な意味を引き出すという

ことで，豊かな構成が使われることになる。

　(21a) は，単純な構成として，sleep の状態（過程）がベルが鳴るまで継続していたことを表す。一方，(21b) は，jump という行為が基本的には一回で完結する行為であるため，継続した過程を含意する until と共起した場合は，文の整合性を満たすために，豊かな構成により，繰り返しの読みが引き出されることになる。

　(22) は，それぞれ，従来結果構文（resultative construction）(22a)，音放出動詞（sound emission verb）(22b)，time-away 構文（22c）と呼ばれてきたものであるが，これらについても文には表れない要素間の関係から，豊かな構成によって，それぞれ「キムは料理をして鍋を黒焦げにした」，「列車がごーごーと音を立てながら線路を下って行った」，「ノラは午後の間編み物をして過ごした」という意味が引き出されることになる。

　以上見てきたことからもわかるように，従来は個別に扱ってきた指示転移や構文を豊かな構成という概念を使って統一的に説明しようとしていることは興味深い。この問題は，(23) の例でも触れたように，派生に基づく統語論中心主義が持たざるをえない複雑な統語構造に歯止めをかけ，より単純な統語論を目指す Jackendoff の考え方が背景にあると見てよいであろう。そして，その考え方をささえるのが，インターフェイスに基づく並列機構の枠組みということになる。

4.7.4. レキシコンと文法

4.7.1.3 節では，並列機構の枠組みでは，単語ばかりでなくイディオムを含めたさまざまな表現が長期記憶としてレキシコンに蓄えられていることを見た。そして，本書では，いろいろなタイプの構文やイディオムを取り上げているが，Jackendoff がよく言うように，それらの多くが句構造規則（phrase structure rule）に則った構造を備えていることも確かである。

Jackendoff（2007: 53-60）は，言語は「レキシコン＋文法規則」から成るという考え方はとらず，人間の記憶には，形態素から文の形をしたイディオム（例えば，The jig is up.（万事休す））まで，すべてのサイズの表現が蓄えられていると考える。そして，語彙項目と文法規則は区別する必要はないという立場から，レキシコンに蓄えられる語彙項目については，特異な構造から一般的な言語の原理に至る，ゆるやかな推移（transition）として，(24) のように示している（イタリックは変数であることを示す）。

(24) a. 変数を伴わない VP イディオム：$[_{VP} [_V \text{kick}] [_{NP} [_{Det}$ the] $[_N$ bucket]]]

（死ぬ）

b. 変数を伴う VP イディオム：$[_{VP} [_V \text{take}]$ *NP* $[_{PP} [_P$ to] $[_{NP}$ task]]]

（〜をとがめる）

$[_{VP}$ *V* $[_{VP}$ *Pronoun*'s

　　　　　　　　　　　head] [$_{Prt}$ off]]

　　　　　　　　　　　（度を越して～する）

c.　通常の動詞の下位範疇化：[$_{VP}$ [$_V$ put] *NP PP*]

　　　　　　　　　　　　　（NP を PP に置く）

d.　さらなる変数を伴う VP 構造：[$_{VP}$ *V* (*NP*) (*PP*)]

e.　VP の主要部パラメター：[$_{VP}$ *V* …]

f.　X バー理論：[$_{XP}$ … *X* …]

　　　　　　　　　　　　　　　（Jackendoff (2007: 59)）

(24a) は典型的な VP イディオムで，音韻的要素はすべて補充さ
れていて，定められた解釈を持つ。(24b) の例では，変数が導入
されている。take NP to task（～をとがめる）というイディオムで
は，変数としての直接目的語が統語論と解釈の両方において補充
される。V pronoun's head off（度を越して～する）は構文的イディ
オムで，変数としての動詞が補充されて構文の解釈にはめ込まれ
る。(24c) は put の下位範疇化（subcategorization）で，NP と
PP を補部として要求する。(24d) はより規則の形を備えた構造
で，変数だけで構成されている。実際は，通常の VP の句構造
の表記上の異形（notational variant）である。(24e) は，さらに
構造を取り去ったもので，V が VP の先頭に来ることだけを指
定しているが，実際には，英語の VP の主要部パラメター（head
parameter）の設定にあたる。そして，最後の (24f) は，XP は
その内部に X を持つということを表しているが，これは 3.2 節

で見た X バー理論のことで，句は適切なカテゴリーの主要部を持つという仮説を述べたものである。

　Jackendoff は，(24) で示された推移について，句構造の中核的原理は (24e, f) の線に沿った一般的なスキーマで，より特異な規則や変数を伴わない語彙項目は，これらのスキーマの特殊なケースにあたること，つまり，継承階層に属しているという，より大きな論点を表すものと考えている。継承は，概略，より特殊な項目は，より特殊でない項目から構造を継承するというもので，(24) の場合でいうと，(24a-c) は (24d)，(24d) は (24e)，(24e) は (24f) のそれぞれ特殊なケースとなる。一方で，一般的な原理の特殊なケースにはあたらないような特異な規則も多く，day after day（毎日毎日）のような N-P-N の構造などは，X バー理論の例にはならないとしている。

　なお，Jackendoff は語彙の継承については，「鳥や哺乳類は動物の特殊なケース」というように，非言語学的なカテゴリーに関する知識の特徴づけにも広く有効であることを踏まえ，記憶におけるこのような項目の配置の仕方は，言語についても問題なく適用できると考える。ただ，言語の場合は，継承階層において配置される要素の種類が，単語や言語の規則を構成している音韻構造，統語構造，概念構造の複合体である点が特殊であると述べている。

　以上，レキシコンと文法について，両者の間に区別はないとする Jackendoff の主張を見てきたが，Jackendoff は，ここで引き

出された結論が正しいとすれば，我々の言語観の再考を促す重要な洞察になると付言している（Jackendoff (2007: 60)）。

4.7.5.　心の全体像と並列機構

Jackendoff（2015）は，並列機構の考え方を採用する理由として，この枠組みをとれば，言語能力を心の全体像の中にうまく位置づけることができることを挙げ，(25) のような図として表している。

(25)

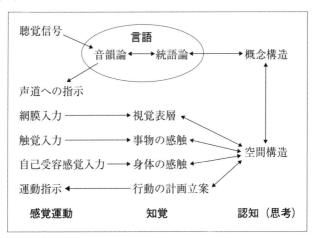

(Jackendoff (2015: 191))

4.6 節では，人間が見たものを言葉で表すことができるのは，概念構造と空間構造がつながっているためであることを見た。(25)

からは，物理的環境の幾何学的理解をコード化する空間構造が，言語だけでなく，視覚，触覚，自己受容の知覚システムや行為の発生とつながっていることが見てとれる。なお，(25) の図で，音韻論と統語論が言語と書かれた楕円で囲まれ，概念構造とは別になっていることについては，Jackendoff はこの論文の注 5 で，空間構造と同様，赤ん坊や類人猿のような言語を持たない生物 (nonlinguistic organism) にも概念構造は存在していると考えるためであるとしている (2.5.1 節も参照)。

（注） Jackendoff (2015) は，Jackendoff の Rumelhart 賞受賞 (1.1 節参照) を記念して編集された雑誌 *Cognitive Science* の特別号に掲載されたもので，Jackendoff が行った受賞の際の講演に基づいている。Jackendoff (2012) や Jackendoff and Audring (2020) にも (25) とほぼ同様の図が提示されているが，本書の流れを考慮して，ここでは音韻論と統語論を楕円で囲んである Jackendoff (2015) の記述を参考にすることにした。なお，Jackendoff の論文は，Web で閲覧することができる (参考文献における Jackendoff (2015) の記載参照)。

第 5 章

指示と真理

　指示と真理の問題の処理には，Jackendoff の考え方の特徴が
よく見える。Jackendoff が統語論中心主義は支持せず，その結
果として並列機構の枠組みを提案している経緯についてはすでに
見てきたところである。しかし，そうはいっても，生成文法の心
理主義（mentalism）については変わらずに支持してきた。指示
と真理に関しては，客観的な「外界」が存在するとする実在主義
的な理論が根強い中にあって，Jackendoff は，「世界」を心理化
（psychologize）することが必要であるという立場をとっている
（Jackendoff (2002: 294)）。以下では，Jackendoff (2002) に基づ
いて，Jackendoff が指示と真理の問題をどのように扱っている
かを見ることにする。

5.1. 指示

　Jackendoff は，指示を考えるにあたって，その導入として，
(1) に見られるように，客観的な事物とは思えないような例につ
いて数多く言及しているので，そのうちのいくつかを挙げること
にする。

　(1) a. 　空想や神話に登場する人や物
　　　　　(i) 　シャーロック・ホームズ (Sherlock Holmes)

　　（ii）　昨日の夢の中の一角獣

b.　地理的な事物

　　（i）　ワイオミング（Wyoming）

　　（ii）　ニューヨークとボストンの間の距離

c.　仮想の事物

　　（i）　四つの点でできる正方形

　　　　　・　・

　　　　　・　・

　　（ii）　縦方向の長方形の後ろにある横方向の長方形

d.　社会的存在物

　　（i）　私の時計の価値

　　（ii）　あなたの評判

e.　聴覚的に知覚される事物

　　（i）　マーラー第 2 交響曲（Mahler's Second Symphony）

　　（ii）　バナナ（banana）と「にもかかわらず」（despite）という単語

（Jackendoff（2002: 301-302））

Jackendoff は（1）のような例を含め，指示の問題に対応するためには，「世界」を言語使用者の心の中に押し込んで，言語と一

緒にすることであると述べている（Jackendoff (2002: 303)）。そして，それを (2) のような指示の概念主義理論（conceptualist theory of reference）として提示している。

> (2) 指示の概念主義理論
> 　　　言語 L の話し手 S は，文脈 C において発せられた句 P が，「S によって概念化された世界」における存在物 E を指すものと判断する。

(Jackendoff (2002: 304))

(2) からは，言語使用者がある事物を指すことができるためには，事物が現実の世界に存在することは必要条件でも十分条件でもなく，重要なことは，適切な種類の存在物を概念化することであるという主張が見てとれる。(1) で挙げた (c) の二つは Jackendoff が好んで使う図形で，物理的に存在しない正方形や長方形が「見える」例であるが，これらは知覚システムによって構築された「現実」で，言語使用者によって概念化された世界の存在物ということになる。

5.2. 真理値

　Jackendoff (2002) は，指示に関する概念主義的な考え方を，文の真理値（truth value）の扱いについても同じように用いている。たとえば，The Boston Red Sox won today. (ボストン・レッ

ドソックスは今日勝った）という文に対しては，概略，(a) 聞き手
の知識基盤（knowledge base）の中に「レッドソックスは今日
勝った」という事象が含まれている場合，(b) 聞き手の知識基盤
の中に当該の事象は含まれていないが，追加することが可能な場
合，(c) 聞き手の知識基盤の中に，当該の事象と矛盾するもの
（たとえば，「レッドソックスは今日試合をしていない」）が含ま
れている場合，(d) 意図された事象が The square is a circle.（正
方形は円である）のように矛盾を含んでいて，可能な指示対象がな
い場合があるとし，(a)〜(d) の場合には，聞き手はそれぞれ，
(a) 真，(b) 真と推定，(c) 偽，(d) 分析的に偽の判断を与える
としている（Jackendoff (2002: 327)）。

　以上，指示と真理についての Jackendoff の扱いを見てきたが，
「世界を言語使用者の心の中に押し込む」という考え方が基盤に
なっていることがわかる。なお，このような考え方であると，判
断の客観性が問題になることがあるが，これについて Jacken-
doff は，概念化された世界が他の人のものと一致するかどうか
を，我々は絶えずチェックしているとも述べている。このような
「同調」（tuning）が指示と真理に関する概念的な説明を支えてい
るということが言えよう。

第6章

生産性と半生産性

Jackendoff が初期の頃から関心を持っていたと思われるテーマの一つに，言語における生産性と半生産性の問題がある。この問題は形態論から，単語より大きい語彙項目に関連したものまで多岐にわたり，これまで Jackendoff（1975, 1997, 2002, 2010 など）および Jackendoff and Audring（2020）で継続的に検討されてきている。本章では，生産性と半生産性の問題について，Jackendoff がどのような考え方をしてきたかを見ることにする。

6.1. 形態論

上で挙げた文献のうち，Jackendoff（1997）には，形態論に関連してわかりやすい説明があるので，ここで導入的なまとめとして見ておくことにする。

Jackendoff は，語彙項目の間の形態論的関係には二つの種類があると考える。一つは，たとえば英語の複数形に見られる生産的規則性である。可算名詞については，英語の話者は複数形があること，また，その複数形がどのような意味を表すか，そして，場合によっては習得している不規則な複数形によって自動的な形成がブロックされることを知っている（たとえば，children が存在するため *childs がないことなど）。もう一つは，英語における，butter（〜にバターを塗る），saddle（〜にくらをつける），shelve

（〜を棚に置く）のような名詞由来の動詞（denominal verb）など
に見られる半生産的規則性である。名詞由来の動詞については，
次のような規則性を挙げている。

　○ 統語的規則性：他動詞として形成される。
　○ 意味的規則性：'put N* in/on NP（N* を NP に置く）'，
　　　'get N* out of/off NP（NP から N* を取り除く）'，ない
　　　しは 'put NP in/on N*（N* に NP を置く）' のような意
　　　味を表す（N* は基になる名詞）。
　○ 音韻的規則性：（大体）基になる名詞と同じように発音さ
　　　れる。

(Jackendoff (1997: 115))

半生産的な場合には生産的な場合とは異なり，英語話者は具体的
なケースについて，どのような語形になるかを必ずしも正確に
知っているわけではなく，また，作られた動詞が実際に存在する
かわからない場合もある。たとえば，mustard は butter に似て
はいるが，動詞として実際にレキシコンに蓄えられている単語と
いうわけではない。半生産的規則性によって潜在的に可能な単語
を作ることはできないわけではないが，実際に存在する単語につ
いては，個別に習得しなければいけないということになる（Jack-
endoff (1997: 115-116)）。

　なお，上では複数形の形成に関して規則的な複数形がブロック
される場合があることに触れたが，動詞の過去形についても同じ

ようなことが言える。英語の規則的な過去形は生産的であるが，不規則形によってブロックされる場合がある。たとえば，shook があるため，生産的な *shaked がブロックされる場合がその例になる (Jackendoff (2002: 50))。なお，生産的な複数形に関しては，6.3.2 節でも触れる。

6.2. 習得の問題

次に，Jackendoff (2002) に基づいて，単語より大きい語彙項目における生産性と半生産性について見ることにする。Jackendoff が問題にするのは，言語習得と関連した (1) のような点である。

(1) 言語学習者は，生産的なプロセスと半生産的なプロセスをどのように区別するのか。

(Jackendoff (2002: 187))

(1) に関連して Jackendoff は，(2) のような半生産的な例と (3) のような生産的な例を挙げ，(3) については，(4) のような一般化を示している。

(2) a. chicken out（しりごみする），flip out（気が狂う），pass out（意識を失う）

b. fake NP out（人をだます），gross NP out（人を不快に

させる）

(3) a. I'm (all) knitted/programmed out.

(編み物 / プログラム作成をしまくった)

b. I'm (all) coffeed out.

(コーヒーを飲みまくった)

c. I'm Edward G. Robinsoned out.

(エドワード・G. ロビンソンの本を読みまくった)

(Jackendoff (2002: 187–188))

(4) a. $[_{AP}$ V/N + -d $[_{Prt}$ out]]

b. 'worn out from too much V-ing/too much N'

(過度に V したり / 過度な N によって疲れ果てる)

(Jackendoff (2002: 188))

(2) と同じように out が使われている (3) の場合については，言語学習者は変数（(4) の場合でいうと V/N）の存在に基づいて新たな表現を作り出すことができる。つまり，変数を含むパターンが発達すると，蓄えられた項目の間の関係が生産的になるということで，(4) の場合では，他の動詞や名詞と自由な組み合わせを作ることができることになる（Jackendoff は，V や NP などの変数については，タイプ付き変数（typed variable）と呼んでいる）。

6.3. 関係形態論

　生産性と半生産性の問題は，Jackendoff and Auddring（2020）で新たな展開を見ることになる。この本が基盤としている理論的枠組みは関係形態論（Relational Morphology）と呼ばれるものである。この本自体は，必ずしも生産性と半生産性の問題だけをとりあげているわけではなく，扱うテーマも多岐にわたっているが，ここでは，生産性と半生産性に焦点を合わせて検討することにする。なお，以下では Jackendoff and Audring（2020）に従い，用語としては生産的／非生産的を用いる。

6.3.1. 関係形態論とは

　関係形態論は，Jackendoff and Audring（2020）によって本の形で示されたもので，Jackendoff の言語研究の一つの集大成とみてよいものである（関係形態論のコンパクトな説明が Jackendoff and Audring（2019）にある）。関係形態論の考え方は並列機構の枠組みとのコラボによって展開されたもので，言語研究にとって重要な貢献が期待されるものになっている。関係形態論が提示しようとしていることからは，インターフェイスに基づく並列機構と派生に基づく統語論中心の考え方の違いが浮き彫りになってくる。関係形態論の中心的な主張は，言語における生産的なパターンと非生産的なパターンは区別されるべきではないというものである。派生に基づく従来の考え方では，生産的なものは

生成的に作られるのに対し，非生産的なものは，周辺的なものと
してレキシコンに蓄えられるものとされてきた。しかし，従来レ
キシコンの扱いとされ，個別に習得されると考えられてきたイ
ディオムについても，生産的な現象と同様のフォーマットを使っ
て説明することが可能であるというものである。それも，並列機
構がインターフェイスに基づくものであることが大きな要因に
なっていて，そこからは，レキシコンと文法の間の境界は取り除
かれるという Jackendoff の主張をはっきりと見てとることがで
きる（この点は，Culicover and Jackendoff（2005）にも見られ
る）。

　上でも触れたように，Jackendoff and Audring（2020）の中心
的な主張は，分析の際には生産的なものと非生産的なものは同じ
フォーマットで規定され，スキーマと関係リンク（relational
link）の理論のもとにまとめられるというものである。Jacken-
doff and Audring が生産性と非生産性の壁を取り除く背景には，
次のような考え方がある。

　　○ 特異的なものの集まりとされるレキシコンにも，十分に
　　　生産的というわけではないが，パターンが備わっている
　　　（p. 3）。
　　○ イディオムの意味は部分の総和というわけではなく，非
　　　構成的（noncompositional）ではあるが，それでもほとん
　　　どのイディオムが，いわゆる句構造規則に従ったものに

なっている (pp. 38–39)。

そして，この分析を支えるのが関係形態論である。Jackendoff and Audring は，イディオムを普通の語と同じフォーマットで規定する他，イディオムばかりでなく，すべての文法規則も語彙項目と見る立場をとる。つまり，レキシコンと文法は一つのものであるという考え方で，語と文法規則の違いは変数があるかないかということになる。

　生産性と非生産性については，6.1 節で変数に基づく説明に触れた。Jackendoff and Audring (2020) でも変数が重要な役割を果たすが，新しい視点からこの問題が検討されている。それは，考え方の基盤に変化があるためであるが，Jackendoff が少しずつ研究の精度を高めていることが感じられる。

6.3.2.　語彙項目の間の関係

　ここでは，関係形態論の枠組みで，語彙項目の間の関係がどのように表現されるかを，(5) における pig と piggish を例にして見ることにする。なお，(5) における形態統語論 (morphosyntax) とは，いくつかの部分から成る語 (complex word) の構造を認可する独立した形式的体系 (formal system) のことで，その基本的単位には，N, V などの統語範疇や，人称，数などの形態統語論的素性，それに語幹 (stem)，接辞などの語の内的な成分などが含まれる (Jackendoff and Audring (2020: 17))。

(5)　　　　a. *pig*　　b. *piggish*

意味論：　　　PIG$_1$　　[LIKE (PIG$_1$); SLOPPY, GREEDY]$_6$

形態統語論：　N$_1$　　[$_A$ N$_1$ aff$_7$]$_6$

音韻論：　　　/pɪg/$_1$　　/pɪg$_1$ ɪʃ$_7$/$_6$

（Jackendoff and Audring (2020: 13)）

指標番号は，Jackendoff and Audring (2020) の表記をそのまま
使うことにする。指標番号そのものというより，指標の一致が重
要になる。(5a, b) の外側にある指標 1 と 6 によって，それぞれ
の語の，意味論，形態統語論，音韻論の三つのレベルがリンクし
ていることが示されている。これらの指標は，並列機構に基づい
たインターフェイスリンク (interface link) として機能している。
一方，pig についている指標により，二つの pig が同じであるこ
とが示されている。これが前節でも言及した関係リンクと呼ばれ
るものである。そして，これら二つのリンクにより，名詞の pig
と形容詞の piggish が関連していることが示されている。なお，
Jackendoff and Audring (2020: 126–129) では，インターフェ
イスリンクと関係リンクやスキーマとその例などで用いる指標に
ついて，それらを区別する表記案も示しているが，煩雑になるた
め，これ以上は行わないとしている。理由として，使用している
表記が最終的な形式化ではないことはわかっているが，この本は
電算機の実装 (computational implementation) のためではなく，
自分たちを含め，人間の読者を念頭において書いたためと述べて

いる点は興味深い。Jackendoff の思想の一つの反映とみてよいかもしれない。

　Jackendoff and Audring は，piggish の他に childish, foolish についても触れながら，それらに基づいて（6）のようなスキーマを提示している。（6）における X, N, … は変数を表す。

（6）　意味論：　　　　$[\text{LIKE } (X_x)]_y$

　　　形態統語論：　$[_A \text{ N}_x \text{ aff}_7]_y$

　　　音韻論：　　　$/\ldots_x \text{ I}\int_7/_y$

(Jackendoff and Audring (2020: 15))

　次に，Jackendoff and Audring が挙げている生産的，非生産的なケースをみてみよう。生産的な例としては，（7）のような名詞の複数形を挙げ，そのスキーマを（8）のように示している。

（7）　　　　　　　a. *cat*　　　　　b. *cats*

　　　意味論：　　　CAT_2　　　　$[\text{PLUR } ([\text{CAT}]_2)]_3$

　　　形態統語論：　N_2　　　　$[\text{N}_2 \text{ PL}_1]_3$

　　　音韻論：　　　$/\text{kæt}/_2$　　　$/\text{kæt}_2 \text{ s}_1/_3$

（8）　複数スキーマ

　　　意味論：　　　$[\text{PLUR } ([\underline{\text{INDIVIDUAL}}]_x)]_y$

　　　形態統語論：　$[_{\underline{\text{N}}_x} \text{ PL}_1]_y$

　　　音韻論：　　　$/\underline{\ldots}_x \text{ s}_1/_y$

(Jackendoff and Audring (2020: 30))

(8) における表示では，変数に下線が引かれているが，Jackendoff and Audring は，下線は選択制限（selectional restriction）ないしは出力制約（output condition）を表していると述べている。

　一方，非生産的な例としては，(9) におけるような形容詞 hard と形容詞由来の動詞（deadjectival verb）の harden の場合を挙げ，そのスキーマを (10) のように提示している（(10) は後に修正されるが，ここでは (10) の表記を用いることにする）。

(9) 　　　　　　　　　　a. *hard*　　b. *harden*

　　意味論：　　　　　$HARD_4$　　$[BECOME\ (HARD_4)]_5$

　　形態統語論：　　　A_4　　　　$[_V\ A_4\ aff_6]_5$

　　音韻論：　　　　　$/hard/_4$　　$/hard_4\ ən_6/_5$

(10)　意味論：　　　　$[BECOME\ (\underline{X}_x)]_y$

　　形態統語論：　　$[_V\ \underline{A}_x\ aff_6]_y$

　　音韻論：　　　　$/\underline{...}_x\ ən_{6\ y}/$

　　　　　　　　　　　　　　　(Jackendoff and Audring (2020: 37))

なお，*crispen のように，(10) のスキーマに適合する例を考えることはできそうであるが，この場合はレキシコンにリストされることはなく，実際に使用されることもない。

　そして，gorgeous や tremendous のケースについては，(11) のような表記を与え，そのスキーマを (12) のように表している。

（11）　　　　　　　　a. *gorgeous*　　　　b. *tremendous*

意味論：　　　　BEAUTIFUL$_7$　　　VERY LARGE$_9$

形態統語論：　　$[_A$ — aff$_8]_7$　　　$[_A$ — aff$_8]_9$

音韻論：　　　　/gɔɹdʒ əs$_8$/$_7$　　　/trəmɛnd əs$_8$/$_9$

（12）　意味論：　　　PROPERTY$_z$

形態統語論：　　$[_A$ — aff$_8]_z$

音韻論：　　　　/... əs$_8$/$_z$

(Jackendoff and Audring (2020: 38))

以上からは，生産的な場合と非生産的な場合について，どちらもそれぞれの持つ指標によって，そして，（11）のように基になる語がないとしても，二つの語彙項目に関係があることが示されていることがわかる。また，いわゆるイディオムについても，これまで見たケースと同様の扱いが可能で，例として（13）のような chew the fat（おしゃべりをする）が挙げられている。

（13）　　　　　　　a. *chew the fat*

意味論：　　　　[CONVERSE (X)]$_{16}$

統語論：　　　　$[_{VP}$ V$_{17}$ $[_{NP}$ Det$_{18}$ N$_{19}]_{20}]_{16}$

音韻論：　　　　/tʃuw$_{17}$ ðə$_{18}$ fæt$_{19}$/$_{16}$

　　　　　　　　b. *chew*　　　　c. *the*　　d. *fat*

意味論：　　　　[CHEW (X, Y)]$_{17}$　　DEF$_{18}$　　FAT$_{19}$

統語論：　　　　V$_{17}$　　　　　　　　　Det$_{18}$　　N$_{19}$

音韻論：　　　　　　/tʃuw$_{17}$/　　　　　　/ðə$_{18}$/　　　/fæt$_{19}$/

　　　　　　e. *VP schema*　　　　　f. *NP schema*

統語論：　　　　　　[$_{VP}$ V$_x$ NP$_y$]$_z$　　　　　[$_{NP}$ Det$_u$ N$_v$]$_w$

　　　　　　　　　　　　　　　　(Jackendoff and Audring (2020: 95))

　そして，今までのことを踏まえて，(14) のような関係仮説 (Relational Hypothesis) が提案されている。

(14)　関係仮説

　　　すべてのスキーマは関係的に用いることができる。そして，そのうちの特定の下位区分である生産的なものについては，生成的に用いることができる。

　　　　　　　　　　　　　　　　(Jackendoff and Audring (2020: 52))

なお，(14) の関係仮説に関連して，Jackendoff and Audring (2020: 53, 272) は，この仮説からは，言語の生成的な特性，すなわち「有限の手段の無限の使用」(infinite use of finite means) は，語彙関係の体系から発生するという結論が引き出されることになるとしている。

　以上のように，関係形態論の枠組みにおいては，インターフェイスリンクが語彙項目の意味論，(形態) 統語論，音韻論を関係づける一方，関係リンクが，同一レベルの要素を関係づけているということになる。そして，Jackendoff and Audring (2020) では，さらなる興味深い例を挙げながら，詳細な分析を展開して

いる。

6.3.3. 同様−除いての関係

これまで見てきた語彙項目の関係は，何らかの類似性が基盤になっている。Jackendoff and Audring は，この類似性は領域一般に見られる「同様−除いての関係（same-except relation）」から説明できると考える。Jackendoff and Audring (2020) には，(15) のような例が挙げられている。(15a) は詳細 (elaboration)，(19b) は対照 (contrast) のケースである（(15) の図は Culicover and Jackendoff (2012) から引用されたものである）。

(15) a. 詳細　　　　　　　　b. 対照

(Jackendoff and Audring (2020: 76))

(15a) の場合は，右側の wug の頭に飾りがついている点を除いて，二つの wug は同様のものとして見ることができる。(15b) の場合は，二つの wug は似ているが，それぞれの頭にある飾りが対照をなしている。Jackendoff and Audring (2020: 77-78) には，(15a) については construct/construction，(15b) については，ambitious/ambition がそれぞれの例として挙げられている。Jackendoff and Audring は，(15) のような「同様−除いての

関係」は，人間の認知一般に観察される特性で，視覚だけでなく，食べ物など（たとえば，これら二つのスープは同様の味だが，こちらの方が少し塩気があるなど）にも広く見られるものとし，関係リンクの枠組みを支えるものと考えている。

（注）　上で挙げた wug は，Berko (1958) において，子どもの複数形規則の習得を調べる実験の中で用いられた架空の語で，絵に描いた小鳥のようなものを指す。

6.3.4.　「開いた」変数と「閉じた」変数

これまで，生産性と非生産性に関して，変数やスキーマを使った分析を見てきたが，Jackendoff and Audring は，生産的か非生産的かは同じフォーマットを用いるスキーマでは区別できないことに関連して，変数による区別を一つの可能性として考え，(16) のような例を挙げている。

(16) a.　Arrowhead Lake（アローヘッド湖）

b.　Mount Everest（エヴェレスト山）

c.　the Indian Ocean（インド洋）

d.　the Bay of Fundy（ファンディ湾）

(Jackendoff and Audring (2020: 41))

(20) のそれぞれの表現は，地勢（geographical feature）と名前で構成されているが，名前は生産的であるのに対し，地勢は非生

産的で，どの語がどのパターンに入るかは，学ばなければならないとしている（たとえば，*Mount Morris や *the Mount of Halle とは言わない）。Jackendoff and Audering は，生産的な場合の変数は「開いている」（open）のに対し，非生産的な変数は「閉じている」（closed）として区別し，例えば，Loon Lake のスキーマについては，(17) のように表している。

(17)
　意味論：　　　　　[GEOGRAPHICAL FEATURE$_x$; Name: $\underline{\underline{Y}}_y$]$_z$
　形態統語論：　　　[$_N$ $\underline{\underline{N}}_y$ N_x]$_z$
　音韻論：　　　　　/$\underline{\underline{\ldots}}_y$ $\ldots_x$/$_z$

(Jackendoff and Audring (2020: 42))

(17) では，＝ が開いた変数，__ が閉じた変数で，それぞれが実際の名前と地勢のタイプに対応している。

　この方法は，イディオムにも同様に適用され，たとえば，(18) のような例については，(19) のようなスキーマが提案されている。

(18)　[$_{VP}$ drive $\underline{\underline{NP}}$ crazy/mad/insane/nuts/bananas/up the wall/out of $\underline{\underline{Pro}}$'s mind/off $\underline{\underline{Pro}}$'s rocker/…]
　　　（NP を気が狂いそうにさせる）

(19)　意味論：　[CAUSE ($\underline{\underline{X}}$, [BECOME ($\underline{\underline{Y}}_y$, $\underline{CRAZY}_z$)])]$_w$
　　　統語論：　[$_{VP}$ V$_{13}$ $\underline{\underline{NP}}_y$ $\underline{AP/NP/PP}_z$]$_w$

音韻論：　/drajv$_{13}$ $\underset{y}{\cdots}$ $\cdots_z$/$_w$

(Jackendoff and Audring (2020: 42–43))

6.3.5.　スキーマの形成とタクソノミー

　上では，生産性と非生産性が関係形態論の枠組みでどのように扱われるかを見たが，Jackendoff and Audring（2020）では，関係仮説の考え方に基づいて，言語能力（competence）と言語運用（performance）の間の境界の再評価として，関係形態論が言語処理と言語習得とどのようにかかわるかという点を取り上げている。その説明の中で，スキーマの形成についてわかりやすく提示しているので見ておくことにする。

　関係形態論におけるインターフェイスリンクと関係リンクの働きについては6.3.2節で見たが，そこでも触れた（20）のようなスキーマから始めることにしよう。（なお，（20）では，piggishについての SLOPPY や GREEDY のような個別的な意味は除外されている。）

(20)　　　　a. *piggish*　　　　b. *childish*　　　　c. *sluggish*

意味論：　　　[LIKE (PIG$_1$)]$_2$　　　[LIKE (CHILD$_3$)]$_4$　　　[LIKE (SLUG$_5$)]$_6$

形態統語論：　[$_A$ N$_1$ aff$_7$]$_2$　　　[$_A$ N$_3$ aff$_7$]$_4$　　　[$_A$ N$_5$ aff$_7$]$_6$

音韻論：　　　/pɪg$_1$ ɪʃ$_7$/$_2$　　　/tʃajld$_3$ ɪʃ$_7$/$_4$　　　/slʌg$_5$ ɪʃ$_7$/$_6$

(Jackendoff and Audring (2020: 224))

これら三つの語はレキシコンに蓄えられているが，語尾に -ish

104

を持つことで姉妹関係が設定される。そして，Jackendoff and Audring が構造的交差（structural intersection）と呼ぶ操作に基づいて，意味論，形態統語論，音韻論，インターフェイスリンクの形態に関する四つの共通部分が抽出され，変数に置き換えられて，（21）のようなスキーマがレキシコンに追加される（∩は交差（共通部分）を表すが，その番号は本書で使っている（20）で表記してある）。

(21)　(20a) ∩ (20b) ∩ (20c) = 意味論：　　　　$[\text{LIKE } (X_x)]_y$

　　　　　　　　　　　　　　形態統語論：　$[_A \text{ N}_x \text{ aff}_7]_y$

　　　　　　　　　　　　　　音韻論：　　　$/\text{...}_x \text{ } \int_7 /_y$

(Jackendoff and Audring (2020: 224))

もちろん，英語には -ish で終わる語は（20）のほかにも数多くあり，言語学習者が，たとえば bearish や mulish, bookish や feverish などの語に遭遇した場合はどうなるかという点があるが，このことについて Jackendoff and Audring は，構造的交差の操作に基づいて（22）のようなタクソノミーが構成されるものと考えるとともに，作り出されたスキーマが生産的か非生産的かという問題について関連した議論を展開している。((i) (22) では，warmish（やや暖かい）のような例は除かれている。(ii) (22) におけるそれぞれの語の意味は特定できないため，日本語訳は省略してある)。

(22) [_A N-ish] のタクソノミー

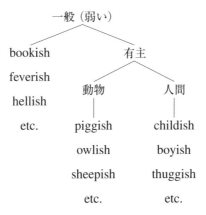

(Jackendoff and Audring (2020: 227))

(22) における「一般」(GENERAL) の説明としての「弱い」(weak) は，非有性的 (inanimate) 基盤を持つ -ish は数が少ないため，「有性」(ANIMATE) と比較すると弱いということを示している。

　なお，言語習得の際，言語学習者は生産的なスキーマをどのように習得するかという点については，Jackendoff and Audring は，言語学習者は新しい語彙項目に遭遇した場合は，暫定的に非生産的なものとして扱ったのち，他に積極的な証拠 (positive evidence) があれば，それに基づいて生産的なものにアップグレードすると考えている (Jackendoff and Audring (2020: 228-231))。

　以上，関係形態論におけるスキーマの形成とそれに基づくタク

ソノミーについて見てきた。Jackendoff and Audring は言語処理と言語習得に関連して，心的表示にはどのようなことが起こるかという点については，関係形態論が詳細な説明を提供できるものと考えているようである。

6.3.6. 関係形態論を通して Jackendoff が目指すもの

6.3 節では，Jackendoff and Audring（2020）に沿って，生産性と非生産性の扱いを見てきた。ここでは，関係形態論の枠組みによって Jackendoff がどのようなことを解明しようとしているのかを考えることにする。

Jackendoff and Audring（2020）で提示された関係形態論の主な考え方をまとめると以下のようになる。

○ レキシコンと文法は区別する必要はなく，一つの共通したフォーマットで考えるべきである（p. 13）。

○ スキーマには二種類あり，生産的なスキーマは関係的，生成的に用いられるが，非生産的なスキーマは関係的のみに用いられる（p. 52）。

○ 語彙項目の間の関係を見る際，非対照的な継承の仕組みではなく，より柔軟な関係リンクを用いる（p. 73）。

○ 統語論は形態論よりも生産的ではあるが，非生産的な面も持っている（p. 234）（この点については，Culicover and Jackendoff（2005: 1.5 節）が参考になる）。

　　○ 音楽，物理的な事物，社会関係など，言語以外の記憶に
　　　ついても，関係形態論の考え方を適用する可能性を考え
　　　る (pp. 264-269)。

以上のまとめから見えてくることは，いわゆる主流派生成文法に
おける，コアな文法規則に基づく言語の生産的・創造的な面に注
目するのではなく，従来想定されてきた言語能力と言語運用の境
界の再評価を考えているということであろう。言語は，生産的な
ものだけで成り立っているわけではなく，イディオムなどの非生
産的なものも言語において重要な役割を果たしていることを考慮
して，それを含めた形で言語処理や言語習得の問題を見てゆこう
としているのである。そして，スキーマを軸としたインターフェ
イスリンクと関係リンクに基づいた関係形態論の考え方を，言語
以外の心の領域に適用してゆこうとするねらいが見てとれる。
Jackendoff の並列機構は，音韻論，統語論，意味論に自律性を
与え，相互の構造をインターフェイスによって関係づけるもので
あるが，すでに見てきたように，空間構造をはじめとして，モ
ジュールとしての種々の「心の言語」(4.7.1 節および第 8 章の「読
書案内：8」参照) についてもインターフェイスによって関係づけ
られる。従って，関係形態論とは言っても，形態論だけではなく
人間の心を構成する他の領域にも適用することが可能で，Jack-
endoff and Audring (2020) では音楽の知識などについても取り
上げられている。この本の最後 (p. 278) には，「ここで提示され

た理論は，さらなる研究が必要になることはもちろんであるが，この理論からは従来想像されてこなかった多くの深い問題が提供されることになる。それは前進のサインと考えてよいものである。本書で提示されるものは長く根気強い進化の産物で，その進化はおそらく今後も続くことになるだろう。」と書かれており，関係形態論が，人間の言語の解明にとって重要な道しるべになりうることを予感させる。

これまで Jackendoff（1997, 2002）に沿って見てきた生産性と非生産性の問題は，Jackendoff and Audring（2020）で大きく展開することになるが，それは Jackendoff がこの半世紀の間追い求めてきた言語の全体像の研究のための新たな始まりと見ることができよう。

6.3.7.　語彙余剰規則

生産性・半生産性については語彙余剰規則が関連するので，確認しておくことにする。ここで語彙余剰規則というのは，概略，語彙項目の記載に関し，指定された特性を基にして，指定されていない特性を予測する一般的な規則のことである。

Jackendoff は，初期の頃からこの問題を取り上げている。まず，Jackendoff（1975）では，Chomsky（1970）の語彙論的仮説（3.2 節参照）を受け，たとえば動詞 decide とその派生名詞 decision に関して，レキシコンにおけるそれぞれの記載方法はどのようなものが適切か，その際の語彙余剰規則の扱いはどうなるか

ということを問題にしている（Jackendoff は，語彙余剰規則のことを語彙規則（lexical rule）とも呼んでいる）。この問題は，Jackendoff（1997, 2002, 2010）および Jackendoff and Audring（2020）でも継続して取り上げられているが，Jackendoff and Audring（2020: 37）には，関係形態論の枠組みにを用いれば，従来の語彙余剰規則はなくても済ませる旨の記述も見られる。その背景となる考え方は，Chomsky（1970）では，語彙論的仮説に基づいて，生産的な統語規則と半生産的な語彙余剰規則を分けていたが，関係形態論では，生産的スキーマと非生産的スキーマは，どちらもレキシコンにあって，同じフォーマットが使われて区別できないということがある（Jackendoff and Audring（2020: 40-41））。Jackendoff and Audring は，従来の非対称的な継承関係基づいた語彙項目の間の動機づけに代わり，その類似性は関係リンクによって処理できると考えるのである。この章で検討した Jackendoff の著書や論文には，語彙余剰規則に関連して，語彙項目の記載方法とその問題点について詳細な分析も見られるが，ここでは Jackendoff and Audring（2020）の議論を踏まえ，語彙余剰規則については，これ以上振り返ることはしないことにする。なお，Jackendoff（2010: 37-38）には，語彙余剰規則の扱いについて，「ためらい」のようなものが吐露されていて興味深い。

6.4. 構文について

本章では，ここまで生産性と半生産性の問題を検討してきた。
そして，6.2 節では，習得の問題との関連で，変数と生産性の関
係について触れた。Jackendoff（2002）では，いわゆる構文につ
いても，類似した分析を提示しているので，最後に見ておくこと
にする。

Jackendoff（2002）が挙げている例は，構文的イディオム
（constructional idiom）と呼ばれる文である。

(23) a.　Bill belched his way out of the restaurant.

（ビルはげっぷをしながらレストランから出て行った）

b.　Wilma watered the tulips flat.

（ウィルマがチューリップに水をあげたらぺちゃんこになっ
た）

(Jackendoff (2002: 174-175))

(23a) が way 構文（*way* construction），(23b) が結果構文で，
Jackendoff はそれぞれについて，変数を含む (24) のような一般
化を考えている。

(24) a.　[$_{VP}$ v NP pp]: V pro$_e$'s way PP, 'go PP while/by V-
ing'

（V しながら / することによって PP（経路）を行く）

b. [$_\text{VP}$ v np ap], 'cause NP to become AP by V-ing ((with) it)'

（それに V することによって NP が AP になるようにさせる）　　　　　　　　　　　　　　(Jackendoff (2002: 174, 176))

これらの構文的イディオムの場合も，それぞれの変数を補充させることによって，新しい表現が可能になる（この他，one's head off 構文，time-away 構文について言及がある）。

　Jackendoff は，構文の一例として (25) のような文も挙げている（(25) のような文は，OM 文 (OM-sentence) と呼ばれる (Culicover (1972))。

(25)　One more beer and I'm leaving.

(Jackendoff (2002: 178))

そして，(25) の場合については，[NP 接続詞 S] のような一般化を示している。

（注）　(25) の文は，Culicover (1970, 1972) が分析している (i) のような文を基にしている。

(i)　One more can of beer and I'm leaving.

(Culicover (1972: 199))

Culicover (1972) は，(i) の文については，以下のような三種類の異なる読みを挙げながら関連した議論を展開しているが，Jackendoff（2002）の場合は，（25）の文の曖昧性には触れず，統語的に変わった（syntactically deviant）構文の例として挙げている。

(ii) a. If you drink one more can of beer I'm leaving.

（あなたがもう一缶ビールを飲んだら帰ります）

〈結果読み（consequential reading）〉

b. After I drink one more can of beer I'm leaving.

（ビールをもう一缶飲んでから帰ります）

〈連続読み（sequential reading）〉

c. In spite of the fact that there is one more can of beer, I'm leaving.

（ビールがもう一缶ありますが帰ります）

〈不調和読み（incongruous reading）〉

(Culicover (1972: 200))

なお，同様に（i）の文を取り上げている Culicover（1970: 366）には，（i）の文は，可能性として無限に曖昧（potentially infinitely ambiguous）であるという記述も見られる。また，Culicover（1972: 199）には，最初にこの種の文に出会ったのは，Jespersen の *A Modern English Grammar on Historical Principles* であったとの注がついている。

以上，構文の扱いについて見てきたが，このことは Helen Keller の言語習得に関してヒントになりそうである。米山(2009, 2020) では，Helen Keller の英語に関して，way 構文等について検討したが，上で見た考え方をとれば，Helen Keller が (24a)

のような一般化を習得した結果，彼女独自の表現を作り出すことができるようになったと説明することができるかもしれない。way 構文の他，ここで取り上げた OM- 文との関連では，*The Story of My Life* に次のような文が載っていて興味深い。

(26) One more effort and I reach the luminous cloud, the blue depths of the sky, the uplands of my desire.

（もう少し努力すれば，光輝く雲，空の青い深み，私の望む高い所に届くのです）

(Helen Keller (1903: 99))

(26) は，大学生活について書いた箇所に出てくる文で，上で挙げた結果読みの例と見てよいであろう。なお，米山 (2020) における Helen Keller の英語については，安間一雄氏から構文的な表現に関してコメントをいただき，感謝いたします。

第 7 章

意識，社会認知，心の理論，行為の構造

　本章では，Jackendoff による心の研究に目を向けて，意識，社会認知，心の理論，いくつかの部分から成る行為の構造について見ることにする。

7.1. 意識

　意識については，心 - 身問題（mind-body problem）をはじめとして，これまで哲学等で盛んに論じられてきている。Jackendoff は，Jackendoff（1987）においてこの問題を正面切って論じている。そこでのシナリオは，言語，視覚，音楽を取り上げ，それぞれについて複数のレベルの構造を設定し，そのうちの一つに意識のありかを特定しようとするものであり，その考え方を中間レベル理論（Intermediate Level Theory）と呼んでいる。ここでは，Jackendoff（1987）に基づいて，複数のレベルと意識・理解の関係を計算的な心という概念を通して見てゆくことにする。

　計算的な心は，脳を情報処理装置とみなすことに基づくもので，心の研究にとっては，脳の物理的な実体よりも，その機能が重要であるという考え方が背景にある。つまり，Jackendoff が考える計算的な心とは，神経体系の機能的な構成を抽象的に表示するものということになる。

　Jackendoff は意識と理解については，計算的な心によって決

定されると想定する。その際基盤になるのが複数のレベルである。Jackendoff は, 言語, 視覚, 音楽における意識と理解は異なるレベルに基づくものとし, 意識はその中間レベル, 理解は中心レベルに支えられていると主張する。具体的に見ると, 言語の場合は意識は音韻構造, 視覚の場合は 2½D スケッチ, 音楽の場合は楽曲表層となる（楽曲表層が中間レベルにあたる点については 2.5.3 節参照）。一方, 理解については, 言語の場合は概念構造, 視覚の場合は 3D モデルということになるが, 音楽の場合について Jackendoff は, 他の二つとは異なり, 延長的簡約のような最も中心的なレベルだけでなく, すべてのレベルが関係すると述べている。

　意識と理解は異なるレベルに基づくという点に関しては, たとえば言語について見ると, 名詞や動詞などの統語論の単位や概念構造の単位が意識に上ることはない。視覚の場合でいうと, たとえば, 空間的配置において隠れているものがあってもそれが意識されることはない。また, 音楽については, 音楽を聞いているという意識はあっても, その音楽がよくわからないということもある。これらのことからも, Jackendoff は, 意識についてはあくまで中間レベルに基づくものとし, 中心レベル理論は支持できないとしている。

7.1.1.　理解と表示レベル

　上では理解について, 言語と視覚の場合は, それぞれの中心レ

ベルにあたる概念構造と 3D モデルであるのに対し，音楽の場合
は，すべてのレベルが関与することを見たが，この点をもう少し
考えることにする。

　Jackendoff（1987: 232-239）では，Lerdahl and Jackendoff
（1983）の基本的な主張として，音楽に精通した聞き手の音楽理
解には，楽曲表層から派生する四つの階層的なレベルが含まれて
いることを挙げ，音楽の効果は，最も中心的な延長的簡約だけで
なく，グルーピング，拍，それに二つの簡約を通した相互関係の
理解に依存することになると述べている。Jackendoff は，この
ことは芸術的な行為一般にみられるものと考える。通常の言語使
用の場合は，その理解は概念構造に基づき，統語論と音韻論は周
辺的な情報を中心的なフォーマットに翻訳する中継点として働く
が，たとえば詩の場合は，音節の数や普通の語順からの逸脱など
の要素も理解にとっては重要になるというものである。同様のこ
とは視覚芸術についても言え，その理解にとっては，表面の感触
や構成の特徴など，低いレベル（初期スケッチおよび 2½D ス
ケッチ）の表示も含まれることになる。

7.1.2.　言語と思考

　Jackendoff（2007: 107-109）は，言語と意識の問題について，
手話の観点から興味深い検討をしている。思考の形式（すなわち，
概念構造）は原理的に無意識で，直接的に思考を意識することは
できないが，思考に力と正確さを与える方法で，言語が間接的に

思考を意識させると考える。そして，そのことを示す例として，ニカラグアの状況を挙げている。1980 年代のニカラグアでは，耳の不自由な人々のための教育施設が作られたが，それまで言語にさらされたことがなかった多くの耳の不自由な人の間にコミュニティーができ，そこに新しい手話が生まれている。Jackendoffは，これらの人々は，手話による言語を習得する前は思考を経験することができなかったのではないかと考えた。それを裏付けるものとして，このコミュニティーのことを取り上げた BBC のドキュメンタリーの中で，一人の話し手が，「自分は今まで考えるということがどういうことかわからなかった。思考は自分にとって何の意味もなかった。」と述べていることに言及している。これらの人々も考えることはしていたはずではあるが，要は気がつかなかったということである。Jackendoff は，人間は言語を持つことで，よりよく考えることができ，思考をより意識することができると考える。そして，言語の発達，純粋に人間的な思考の発達，および文明の発達の間には密接な関係があると主張している（手話と口頭言語との類似性については，2.3.1 節参照）。

7.1.3. 意味の無意識仮説

これまで見てきたこととの関連で，Jackendoff (2012) が，意味の無意識仮説（Unconscious Meaning Hypothesis）という考え方で，意識の問題をわかりやすく説明している。意味の無意識仮説については，Jackendoff は以下のようにまとめている。

（1）　意味の無意識仮説

　　・発音は意識的である。

　　・それは意識的な有意味性の感覚を伴っている。

　　・それは無意識の意味，すなわち，発音が表す思考や
　　　概念と結びついている。

(Jackendoff (2012: 86))

つまり，発音は意識的であるが，それと結びつく意味自体は無意識であるというもので，発音により経験が形を伴うということである。

7.1.4.　意識の機能的相関物

　7.1 節では意識に関連して中間レベル理論について触れたが，Jackendoff（2007）は，その延長線上の議論として，意識の機能的相関物（functional correlate of consciousness）について取り上げているので，ここで見ておくことにする（Jackendoff (2012) では，functional の代わりに cognitive（認知的）という表現が用いられている）。

　意識が現れる形式に対する専門用語としてはクオリア（qualia）がある。クオリアは，たとえば，青の青さ（blueness）のように，経験がどのようなものかを表すものである。Jackendoff は言語における意識に関して，クオリアに最も密接に対応するのは，言語構造のどの側面かという問いを出発点として議論を始める。

そして，この問いに対する答えとして，意識の形式（クオリア）を最も密接に反映するのは音韻構造であるという点を含め，Jackendoff（2007: 81-84）で関連した仮説を挙げながら，意識の機能的相関物についての分析を進める。

その分析の中で，Jackendoff は，言語の知覚にとっては，音韻構造がクオリアの唯一の源というわけではなく，他にも何かあるはずであると考える。そして，言語を経験する際に人間が感じるものを，クオリアと関連する心的構造としての内容素性（content feature）と感触としての評価素性（valuation feature）に分けている。内容素性が音韻構造から引き出される言語的内容であるのに対し，評価素性は知覚やイメージの構造と結びついた抽象的な素性で，経験される実体に感触としての特性を加える素性である。分析の中では，[±external（外部の）]，[±self-initiated（自発的な）]，[±familiar（知っている）]，[±meaningful（意味がある）] などが取り上げられ，その組み合わせの例として（2）が挙げられている。

(2) a. [+external, −self-initiated]: perception of someone else speaking

（外部の，自発的でない：他者が話していることの知覚）

b. [+external, +self-initiated]: hearing one's own voice as one is speaking

（外部の，自発的な：自分が話している声を聞く）

c. [−external, +self-initiated] : hearing one's inner

voice

（内部の，自発的な：自分の内的な声を聞く）

d. [− external, − self-initiated]: hearing unbidden voic-
es in one's head

（内部の，自発的でない：頭の中にひとりでに湧いてくる声
を聞く）

(Jackendoff (2007: 87))

Jackendoff は，経験の特性を記述するためには，内容特性と評価素性のどちらも必要と考えている。

なお，2.5.1 節でも触れたが，Jackendoff は，霊長目の高等動物も正確さや範囲において人間ほどではないが思考はすると考える。ただ，言語を持たないため，音韻構造と統語構造を通して思考を伝達可能な形式に変換する能力を欠いていることが，人間との質的な違いになっていると述べている (Jackendoff (2007: 84))。

評価素性については，たとえば，[± meaningful] に関して，Jackendoff が挙げている以下の例がわかりやすいので，最後に見ておくことにする。

(3) a. The little star's beside a big star.　　[+ meaningful]
（小さな星が大きな星の脇にある）　　（意味がある）

b. Ishkaploople pukapi datofendle.　　[− meaningful]
（意味がない）

c. Colorlesss green ideas sleep furiously.

[− meaningful],

but individual words are [+ meaningful]

（意味はないが，個々の単語は意味がある）

(Jackendoff (2007: 93))

Jackendoff によれば，(3a) の場合には，その背後に音の連続以上とさせるような概念構造を感じるのに対し，(3b) の場合は，音韻構造に似た内容のクオリアを持つことはあっても，無意味な音節の集まりということになる。そして，(3c) はその中間で，個々の語はそれぞれ意味持つものであっても，全体としては無意味ということになる。

　なお，ここで見た意識の機能的相関物の問題については，Jackendoff (2007) だけではなく，Jackendoff (1987, 1997, 2002, 2012) でも取り上げられているが，評価素性については，いくつかの異なる用語（「情動」(affect)，「評価」(valuation)，「特性タグ」(character tag)）が使われていることに関連して，Jackendoff (2012: 139 (note 1)) には，適切な用語を考えることがむずかしいとして，どれを使うかは読者に任せる旨のコメントがある。

7.2.　社会認知

　Jackendoff (2007) では社会認知の問題が取り上げられている。

Jackendoff は，社会認知は人間の本質的特徴のうちの重要な領域の一つで，文化と社会制度における社会的な相互作用を理解し，参加する能力と考える。社会認知を分析するにあたり Jackendoff は，まず，脳に蓄えられて処理され，文化によって影響を受ける中で形作られる人間の社会的な知識はどのようなものかを問題にし，あわせて，動物との違いも考慮に入れることで人間の社会認知の特性を掘り下げている。

　そして Jackendoff は，子どもにおける社会／文化的能力の習得は，言語の習得と類似していると考え，言語分析との類似性を基盤とした考え方を提示している。言語習得の原理は子どもには無意識なものであるが，社会認知の基盤をなす原理は，子どもが社会化する過程の中で身に着けて行くもので，親や年上の子どもから教わる意識的な部分と，周りにある実際の社会的な振る舞いを手掛かりにして，無意識に習得する部分があるとする。その意味では，言語の習得と完全に同じというわけではない。しかし，子どもは社会的な相互作用につながる解釈をみずから構築しているという点では，言語における状況と同様，社会認知の習得を可能にさせる内的な資源を利用していると考えることになる。そして，言語と社会認知の間の類似性については，次のようにまとめている。

〈言語〉
　(4) a.　無限の数の理解可能な文がある。

b. 言語使用者の心の中に結合的な規則を必要とする。

c. 規則の体系は無意識である。

d. 規則の体系はほとんど教わることなく，周りの環境にある不十分な証拠だけで子供によって習得されるにちがいない。

e. 習得は，おそらく部分的に言語に特化した，学んで得られるものではない内的な資源を必要とする

f. 内的資源は，生物学的発達の過程と相互に作用する遺伝子によって決定されるに違いない。

〈社会認知〉

(5) a. 無限の数の理解可能な社会状況がある。

b. 社会参加者の心の中に結合的な規則の体系を必要とする。

c. 規則の体系は部分的にのみ意識的である。

d. 規則の体系は，子どもによって不完全な証拠だけで，そして部分的に教わるだけで習得されるに違いない。

e. 規則の体系は，おそらく部分的に社会認知に特化した，学んで得られるものではない内的な資源を必要とする。

f. 内的資源は，生物学的発達の過程と相互に作用する遺伝子によって決定されるにちがいない。

(Jackendoff (2007: 150))

Jackendoff は，社会認知の能力は，最終的には脳と遺伝子によっ
て説明されるものではあるが，現在の脳の研究状況を考えるな
ら，言語の場合と同様，形式的，機能的な視点から分析するのが
適切であろうと考える。

　Jackendoff は，社会認知に関しては，親族関係，グループへ
の帰属，優位，権利と義務などを含め，問題になる点を数多く挙
げているが，以下では，言語表現との関連から見た社会認知，親
族関係，グループへの帰属について簡単に見ておくことにする。

7.2.1. 言語表現との関連から見た社会認知

　Jackendoff は言語との関連で，X requested Y to do such-
and-such（X は Y にこれこれをするように依頼した）と X ordered
Y to do such-and such（X は Y にこれこれをするように命じた）の
対照に注目し，order を使う文の場合は，話し手と聞き手の間に
社会的な優位（dominance）の概念が前提にあること，命令が実
行されない場合は制裁が課されることが了解されていると述べて
いる。そして，Bill traded his bike to Harry for a horse.（ビルは
ハリーとの間でバイクと馬を交換した）については，bike と horse
が等価値であるという解釈が基盤にあるとしている。

　このように，trade，request，order，own，promise などの使
用は，基本的な社会的概念に基づいているが，優位の概念や制裁
のありかたなどについては，文化によって異なることもあり得る
とも述べている。

7.2.2. 親族関係

　社会認知の重要な部分には他者との関係があり，その中でも最もはっきりしていて長く続くものとして親族関係がある。親族関係については，親子のようなごく近い関係だけでなく，遠い親族のこともある。人間は，それまで知らなかった人が遠い親戚と聞いただけで，親族としてのつながりを感じることがある。Jackendoff は，このことは親族関係が単に視覚などに基づく知覚的なものではなく，概念的な基盤に基づくことを表していると述べている。

7.2.3. グループへの帰属

　社会構造の重要な要素としては，人がどのグループに属しているかということがある。グループのメンバーであるかないかで，他者に対する行為も左右されることがある。メンバーであるということで好意的な対応を受ける一方，メンバーでない場合は，対抗の対象になることもある。そして，メンバーがグループ内の決まりに違反した場合には，相応の制裁が課されることにもなる。グループへの帰属に関しては，第 1 章の略歴でも触れたように，学界における自分の位置づけについての Jackendoff の記述が興味深い。

　以上，社会認知に関する Jackendoff の扱いを見てきたが，Jackendoff は，文化や社会制度の問題を研究する場合は，我々は，単なる無垢で客観的な研究者としてではなく，我々の研究が

潜在的に持つ政治的な影響についても，常に留意する必要がある
と述べている（Jackendoff (2007: 187-188)）。

　なお，次の節では心の理論について取り上げるが，Jackendoff
は，人間は信念や欲求それに意図を人間だけでなく他の生き物に
も帰属させていることを考えると，心の理論の方が社会的領域の
概念より広いため，両者を区別する必要があると述べている
（Jackendoff (2007: 164-165)）。

7.3. 心の理論

　人間の認知に関連した問題として次に取り上げるのは，心の理
論である。心の理論は，上でも触れたように，信念，欲求，意図
を他者に帰属させる人間の能力，つまり，他者の心の状況を推察
する能力のことである。心の理論に関しては，Jackendoff はい
ろいろと興味ある問題を取り上げているが，本節では知覚動詞
（perception verb）と心理述語（psychological predicate）に焦点
を合わせて，Jackendoff がどのように分析しているかを見てゆ
くことにする。

7.3.1. 概念構造：主題層とマクロ役割層

　Jackendoff は，心の理論は概念構造に表示されると考えてい
る。以下では Jackendoff (2007) に沿って，概念構造における
主題層（thematic tier）とマクロ役割層（macrorole tier）に注目

しながら考えることにする。

　概念構造は Jackendoff の概念意味論の中核をなすもので，Jackendoff（1983）以来，並列機構において重要な役割を担ってきた。概念構造について Jackendoff は，統語論や音韻論からは独立して，語，句，文の意味を表示する構造で，チンパンジーや赤ん坊などのように言語を使えない生物にもある程度潜在的に備わっていると考える。Jackendoff は，概念構造も統語構造や音韻構造と同様に，いくつかの層に分割されると考える。心の理論との関連で問題になるのは，主題層とマクロ役割層である。

　ここでマクロ役割層と呼んでいるものは，従来，行為層（action tier）と呼ばれてきたものが基になっているが，心の理論では，本来行為動詞とは言えないような知覚動詞が分析対象となるため，もう少し広い意味でのマクロ役割層という用語が使われるようになっている。Jackendoff は，行為層については，概念関数として AFF（行為や影響がネガティブ（よくない）の場合は AFF^-，ポジティブ（よい）の場合は AFF^+）を想定し，たとえば 'X AFF^- Y' は，概略，'X acts on/affects Y'（X は Y に行為を行う / 影響を与える）を表し，その第 1 項は Actor（行為者），第 2 項は Patient（被動者），一方，AFF^+ の場合は，第 1 項は Actor，第 2 項は Beneficiary（受益者）としていた。そして，マクロ役割層の導入に合わせて，マクロ役割関数として新たに EXP を追加することを試みている。たとえば 'X EXP Y' は，'X experiences Y'（X は Y を経験する）を表し，その第 1 項は Experiencer（経験者），第2項は Stimulus（刺激）になるというもので，Jackendoff（2007）では，AFF と EXP を用いた興味深い分析が展開されている。

7.3.2. 知覚動詞：look と see

Jackendoff は，心の理論との関連で，look と see を取り上げ，(6) のような例とそれに対応するものとして，(7) のような概念構造を挙げている。(7) においては，上段が主題層，下段がマクロ役割層を，また，SENSE$_{visual}$ は，その知覚様相が視覚であることを表している。

(6) a. What I did was look at /*see the tree.

　　　（私が見たのは木でした）

　　b. I am looking at/*seeing the tree.

　　　（私は木を見ています）

(7) a. X looks at Y.
$$\begin{bmatrix} \text{X SENSE}_{visual} \text{ Y} \\ \text{X AFF} \end{bmatrix}$$

　　b. X sees Y.
$$\begin{bmatrix} \text{X SENSE}_{visual} \text{ Y} \\ \text{X EXP Y} \end{bmatrix}$$

（Jackendoff（2007: 204–205））

(6) における容認可能性に基づいて考えると，(7) からは，概略，

以下の四つの違いが見えてくる。

(8) a. EXP は文を「状態」，AFF は文を「行為」にする。

　　b. look の場合は 2 番目の項（目的語）を要求しない
　　　（(7a) の下段で Y が欠けている）のに対し，see は
　　　要求する。

　　c. 人が何かを look している場合，その対象は被動者と
　　　いうわけではないため，look については，AFF は
　　　Y を被動者としてマークしない。一方，see につい
　　　ては，EXP は Y を刺激としてマークする。

　　d. EXP の場合は，In the perception experiment, Sam
　　　saw three dots even though there were only two
　　　dots.（知覚実験で，サムは実際には二つの点であるのに三
　　　つ点を見た）と言うことができるのに対し，look の場
　　　合はこのような可能性はない。この違いからも，see
　　　が believe や intend のような心的な動詞（mental
　　　verb）であることがわかる。

(Jackendoff (2007: 205))

look と see に関しては，Jackendoff は人間とチンパンジーとの
比較を行っている。何かを look することは対象に視線を向ける
ことで，外からも観察でき，チンパンジーも実際に行っている。
しかし，何かを see する場合は，視覚的に経験することで，外
からは観察できないため，チンパンジーが視覚的な経験を他の物

に帰属しているかという問題が生じることになる。概念構造との関係でいえば，チンパンジーの概念構造に EXP があるかどうかという問題になる。Jackendoff は，この点については（9）のような推論を提示している。

$$(9)\quad \begin{bmatrix} \text{X SENSE}_{\text{visual}}\ \text{Y} \\ \text{X AFF} \end{bmatrix} \Leftrightarrow_{\text{default}} \begin{bmatrix} \text{X SENSE}_{\text{visual}}\ \text{Y} \\ \text{X EXP Y} \end{bmatrix}$$

(Jackendoff (2007: 207))

（9）は Looking is seeing.（見ることは経験することである）という規則で，人間の場合は普通に行われていることになる。

　Jackendoff のねらいは，SENSE＋EXP という関数の結合が心の理論の一部であることを示すことにある。対照的に，SENSE＋AFF は観察可能な行為を示しているというものである。つまり，EXP が経験を記述する重要な関数ということになる。なお，この点では，7.1.4 節で触れた評価素性も関係している。EXP のような関数を持てない生物についても，評価素性はあるため感じることはできるが，知覚したものを他者に帰属させるのに必要な概念を欠いているため，他者に対して知覚を帰属させたり否定したりすることはできないことになる（Jackendoff (2007: 206)）。Jackendoff は，心の理論は EXP のような関数が概念構造にあるために生じるもので，チンパンジーに心の理論がないとすると，それは，（10）の右側の概念構造が欠けているためと考えるのである。

　なお，look と see と同様の関係は，listen to と hear について
も言えるが，その場合は，SENSE の様相は聴覚ということにな
る。その他，feel などのように，マクロ役割層に，AFF と EXP
の二つを持ちうるもの，また，notice などのように，EXP と
SENSE を持つが，様相については未決定（open）のものもある
（Jackendoff (2007: 205-206)）。

7.3.3.　心理述語

　7.3.2 節で見たマクロ役割の考え方は，心理述語や評価述語
（evaluative predicate）についても適用され，興味深い説明が提
示されている。問題の所在は，以下のような例である。前の節で
見たように，(10) においては，上段が主題層，下段がマクロ役
割層である。

　(10)　a.　経験者主語（experiencer subject）

　　　　　John fears rejection.

　　　　　（ジョンは拒絶されることを恐れている）

$$\begin{bmatrix} \text{JOHN BE [AFRAID (REJECTION)]} \\ \underline{\text{JOHN}} \text{ EXP REJECTION} \end{bmatrix}$$

　　　　b.　刺激主語（stimulus subject）

　　　　　Rejection frightens John.

　　　　　（拒絶されることがジョンを怯えさせている）

$$\begin{bmatrix} \text{JOHN BE [AFRAID (REJECTION)]} \\ \text{JOHN EXP } \underline{\text{REJECTION}} \end{bmatrix}$$

（Jackendoff (2007: 235)）

どちらも同様の構造で表示され，同じような意味を表すことにな
るが，関数 EXP については，AFF とは異なり，どちらのマク
ロ役割が主語の位置とリンクするかに関して本来的に決まってい
ないため，個別にマークすることになる。(10) の例について見
ると，(10a) の場合は経験者主語ということで JOHN，(10b)
の場合は刺激主語ということで REJECTION に下線が引かれ，
統語的に卓立（prominent）していることと，それが主語の位置
を占めることが示されている。従来，なぜ同じような意味を表す
のに，主語と目的語の関係が異なるのかということが問題になっ
てきたが，この問題を心の理論との関連から説明しようというも
のである。そして，受身文の可能性については，動作主と刺激が
同一の (11) のような例を挙げて，受身文の二つの可能性を説明
している（本書では，(11) の表記について若干の変更を加えて
ある）。

(11)　Bill amazed me.（ビルが私をびっくりさせた）

a.　(i)　$\begin{bmatrix} \text{BILL CAUSE [I BE [AMAZED (BILL)]]} \\ \text{BILL AFF ME} \end{bmatrix}$

（動作主読み）

(ii)　$\begin{bmatrix} \text{I BE [AMAZED (BILL)]} \\ \text{BILL AFF ME} \end{bmatrix}$

（動作主読みの別の形）

b. $\begin{bmatrix} \text{I BE [AMAZED (BILL)]} \\ \text{I EXP } \underline{\text{BILL}} \end{bmatrix}$

（純粋な経験者読み）

(Jackendoff (2007: 236))

(11) における (ai) と (aii) については，CAUSE をなしで済ませるかどうかを含め，この分析が正しいかどうか必ずしも確信は持っていないようであるが，(11a) の (i) と (ii) は AFF を持つ行為であるため，I was amazed by Bill. という受身表現になるが，(11b) の場合は経験者主語の形容詞として，I was amazed at Bill. という受身表現をとるというものである。

　なお，Jackendoff (2007: 218-224) には，心理述語に関して，(12) のような分類と関連した説明，および，どのような動詞，形容詞（選択する前置詞を含む）がどのクラスに属するかについて詳細な表がついていて役に立つ。

(12) a.　I'm bored.　　　　　　　　　　　［経験者―形容詞］

　　　（私はうんざりしている）

b.　I'm bored with this.　　　　　［経験者―形容詞―刺激］

　　　（私はこれにうんざりしている）

c.　　　　　　　　　I detest this. ［経験者―動詞―刺激］

　　　　　　　　　　　（私はこれが嫌いだ）

d.　This bores me.　　　　　　　　　［刺激―動詞―経験者］

　　　（私はこれにうんざりしている）

e. This is boring   This is detestable

    to me.   to me.   ［刺激—形容詞—経験者］

    （私はこれにうん   （私はこれがいやでたまらない）

    ざりしている）

f. This is boring.   This is detestable. ［刺激—形容詞］

    （これは退屈だ）   （これは忌まわしい）

                                              （Jackendoff（2007: 218)

　以上，Jackendoff（2007: Ch. 6, Ch. 7）に沿って，知覚動詞と心理述語に関する分析を見てきた。Jackendoff は，ここで取り上げたような概念構造に基づいた形式的な方法（formal method）は，パターンの存在を予測したり，重要な一般化や洞察を引き出すことがあるので，形式主義に従ってみる（follow the formalism）のも価値があると述べている（Jackendoff（2007: 195))が，ここにも Jackendoff の思想の一端を見ることができる。

　なお，Jackendoff（2007）には，知覚動詞や心理述語の問題の他に，主観的 / 客観的（subjective/objective），価値の判断，社会 / 文化などの分析との関連で，心の理論についての言及が見られる。

7.4. いくつかの部分から成る行為の分析

　認知との関連で，Jackendoff が関心を持っていると思われる

テーマをもう一つ見ることにする。それは，いくつかの部分から成る行為の構造に関することで，Jackendoff（2007: Ch. 4）では，握手すること（shaking hands）とコーヒーを入れること（making coffee）という平凡な（banal）行為が取り上げられている。ここでは，社会的な意味合いも含まれる握手について見ることにする。

　Jackendoff は，握手は身体的と社会的な二つの側面を持つ，連携に基づく共同の行為で，子どもが必ずしも握手について理解しているわけではないことを考えると，単に社会的な慣習だけでは説明にはならないとしている。握手の基底には，「握手の知識」として特徴づけられるようなものが，記憶として蓄えられていて，それを使って構成されると考えるのである。

　握手に関しては，握手をするための理由があり，その理由として Jackendoff は，挨拶（greeting），いとまごい（taking leave），商談の取り決め（closing deal），自己紹介（introducing one-self），誰かを祝う（congratulating someone）などを挙げている。身体的行為は文化によって異なることもあり，握手との関連では，相互のお辞儀（mutual bowing），ハイタッチ（high-fiving），男性が女性の手に口づけをするなどがあり，適切な行為を選択するには，少なくとも文化，性（gender），その場の形式性（for-mality），当事者の親しさ（intimacy）の程度などの複雑な知識を必要とするとしている。

　Jackendoff は握手については，三つの図を使って説明してい

る。まず（13）は，五つの下位行為（subaction）の連鎖を表した
もので，握手の身体的な面の知識として長期記憶に蓄えられてい
ると考える。

（13）　他者へ手をのばす ＞ 他者の手を握る ＞ 握手する ＞
　　　　握った手を離す ＞ 手を引っ込める

(Jackendoff (2007: 116))

次の（14）は，（13）で示された全体的構造を樹形図で示したも
ので，準備（Preparation），主要部（Head），終結（Coda）によっ
て構成されている。それぞれ，主要部は主要な下位行為，準備は
主要部のための準備，終結は行為の終結を表す。準備と終結は，
握手の基本的な状態との関連で適切な移行のために短期記憶にお
いてオンラインで構成されると考える。

（14）

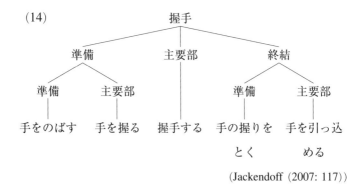

(Jackendoff (2007: 117))

そして，（15）は握手の中核的な部分を示したもので，主要部と

調整（Modulation）から成っている。点線はその下位行為が同時
(concurrent)，であることを表すもので，視線を合わせること
(eye contact) や握手の手の位置の調整が握手と同時に行われる
ことが示されている。調整における高，低，中立は，それぞれ手
の位置，また，＊は手の振りが繰り返されることを表している。

(15)

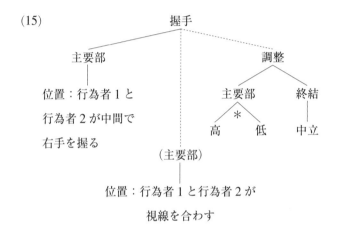

(Jackendoff (2007: 120))

ここまで握手の構造について簡単に見てきたが，以上のことから
は，握手といってもいろいろな要素から成り立っていることがわ
かる。Jackendoff（2007）では，コーヒーをいれること（握手よ
りも行為を構成する要素の数は多い）についても，一連の行為の
中に見られる埋め込みの様子なども示されている。

Jackendoff はこれらの分析を踏まえ，行為の文法には言語の
文法の構造と類似したものが備わっていると考える。人間はすべ

ての文を頭の中に蓄えることはできないため，単語やイディオム
などを記憶に蓄え，実際の場面では，それを組み合わせて必要な
文を作り出しているが，社会的な行為の場合にも同様に見られる
というものである。そして Jackendoff は，行為にも言語のレキ
シコンと類似したものがあるとして，それを行為レキシコン（ac-
tion lexicon）と呼んでいる。

　Jackendoff が握手やコーヒーを入れることのような単純で日
常的な行為を取り上げていることには，言語能力が人間にとって
認知的に特化したものかどうかを考ええるための，いわば比較材
料として使うもくろみがある。Jackendoff は，二つの行為の分
析からは，平凡な行為にも回帰的創造性（recursive creativity）
が含まれていることが見てとれるとし，このことは回帰性の存在
が認知能力の中でも人間の言語をユニークなものとしているとい
う Hauser, Chomsky and Fitch（2002）の仮説の反例にあたると
考える。しかし，その一方で，言語が行うこととそのために使わ
れる構造的な構成要素を考えると，やはり，言語は人間にとって
特別なシステムと見なされるというミックスした結論を引き出し
ている（Jackendoff（2007: 142-143））。

第 8 章

読書案内：Jackendoff の著書

　本章は，これから Jackendoff の本を読んでみようと考えてい
らっしゃる方のための簡単な読書案内である。Jackendoff が言
語学の中で果たしてきた役割を考えると，その内容について解説
する文献があってもよいように思われるが，残念ながらそのよう
な文献はあまり用意されてはいない。もちろん，個別の論文の中
で Jackendoff の考え方を部分的に扱っているものはたくさんあ
るが，まとまった形での提示はそれほどないといってよいであろ
う。本書の執筆のきっかけのひとつには，そのような事情も含ま
れている。以下は，第 1 章で挙げた著書がどのような内容のも
のかを簡単に紹介したものである。これからの読書の参考になる
ことを願っている。それでは，第 1 章で挙げた著書を出版年順
に見ることにしよう。

1. *Semantic Interpretation in Generative Grammar*
(1972)（生成文法における意味解釈）

　この本は，生成文法においてどのような意味論の枠組みがふさ
わしいかを論じたものである。この段階では，まだ Chomsky の
考え方に沿ったものになっており，あくまで統語論を基盤とした
解釈的な意味論が想定されている。ただ，そのような状況にあっ
ても，Jackendoff なりの解釈意味論が展開されているといって

よいであろう。

　この本が扱っているテーマのうちでは，第 2 章で触れたもののほかに，副詞や否定もよく取り上げられる。副詞については，どのような副詞が文頭，文中（助動詞の位置），文末に生起するかを，文副詞（話者志向（speaker-oriented），主語志向（subject-oriented））や様態の副詞などを対象として分析している。また，否定については，作用域に基づいた否定辞と数量詞（quantifier）の関係（たとえば Many arrows didn't hit the target.（多くの矢が的にあたらなかった）と Not many arrows hit the target.（多くの矢が的にあたったというわけではない））をはじめとして，興味深い分析が提示されている。

2. *X-bar Syntax: A Study of Phrase Structure* (1977) （X バー統語論）

　第 2 章でも触れたが，X バー理論に基づいた英語の句構造に関する研究である。補部，名詞句指定部（たとえば these three old trees（これらの三本の古い木）），関係節（relative clause），程度節（degree clause）（たとえば so ～ that ～）などが取り上げられ，詳細な分析が提示されている。

3. *Semantics and Cognition* (1983) （意味論と認知）

第 4 章で取り上げた，概念意味論の誕生とその応用を扱った書である。Part I「基本的問題」，Part II「意味論の認知的基礎」，Part III「語の意味論」，Part IV「応用」の四つのパートから成っており，概念意味論を軸とした新しい意味論の分析が展開されている。Part IV の「応用」では，空間表現の意味論，非空間的意味場と主題関係，「表示」の理論が取り上げられている。「表示」の理論では，いわゆる「信念の文脈」(belief-context) の問題として，たとえば Ralph believes that your dead uncle is alive. の二つの解釈（(a) ラルフはあなたの亡くなったおじさんは生きていると信じている，(b) ラルフはあなたの亡くなったおじさんが生きている［矛盾］と信じている）などが取り上げられている。

4. *A Generative Theory of Tonal Music* (1983)
（生成音楽理論）

Fred Lerdahl （作曲家）と Jackendoff とのコラボによる書で，生成文法の考え方を背景にした認知的な音楽分析である。その第 1 章の初めには，音楽理論の目的を，音楽について経験がある聞き手の音楽的直観に関する形式的な記述 (formal description) とし，音楽を心的に構築された実体 (mentally constructed entity) とする見方を正当化する研究であるということが記されている。

音楽に関心のある方にとっては，具体的な音楽の分析に関して新しい発見があることであろう。

5. *Consciousness and the Computational Mind* (1987) （意識と計算的な心）

　言語，視覚，音楽に基づいた分析を通して，人間の意識のありかを探る研究である。心−身問題，視覚構造，音楽構造などに関する精緻な分析には手ごわいところもあるが，Jackendoff の本領が発揮されている本ということもできよう。言語構造，視覚構造，音楽構造の間の類似性については，本書の中でも触れている。

6. *Semantic Structures* (1990) （意味構造）

　概念意味論の骨格を背景に，項構造，主題関係，概念構造と統語構造の対応を中心に論じたもので，way 構文や結果構文などに見られる統語と意味のミスマッチに関して，付加詞規則（adjunct rule）の考え方を導入して分析を進めている。たとえば，6.4 節の (24a) でも触れた Bill belched his way out of the restaurant. については，way 付加詞規則（way-Adjunct Rule）を用いて，本来移動を表さない belch（げっぷをする）が移動表現に用いられることを示している。どちらかというと英語の構造に焦点

146

を合わせて，興味深い英語の例文も数多く挙げられているので，統語論的な面に関心をお持ちの方には楽しんで読めるかもしれない。なお，この本については，大室（2017）がわかりやすい解説をしているので，大変参考になる。

7. *Languages of the Mind: Essays on Mental Representation* **(1992)**（心の言語：心的表示に関する試論）

ここでいう「心の言語」は，脳が持つ多くの異なる特化した情報の形式のことで，本書でも，言語，視覚，音楽などについて検討してきた。Barbara Landau との共著 "Spatial Language and Spatial Cognition"（空間言語と空間認知）が掲載されており，Jackendoff が空間構造に関心を持ち始めたことが見てとれる。

8. *Patterns in the Mind: Language and Human Nature* **(1993)**（心のパターン：言語と人間性）

専門外でも興味を持って読む人を念頭に書かれたものだけあって，Jackendoff の著作の中では，読みやすい本になっている。生得性，言語習得，言語と脳など，言語学の基本的な問題がわかりやすく書かれている。生成文法の全体像に対する Jackendoff の考え方を確認するにはうってつけの本である。アメリカ手話に関する説明も言語の理解にとって役に立つであろう。この本には

日本語の翻訳があり，その翻訳のために Jackendoff から送られた説明が「はしがき」に添えられているので，本を読む上での困難はかなり解消されることになるであろう。

9.　*The Architecture of the Language Faculty* (1997)
（言語能力の機構）

　並列機構の考え方を前面に出して書かれた最初の本である。Chomsky 的な統語論中心の主流派生成文法との比較を通して，並列機構の優位性を主張している。そのうち，イディオムの扱いが二つの枠組みでどのようになるかという点はわかりやすいであろう。また，どのようなものがレキシコンに蓄えられているかという点をめぐっては，Appendix として，本書でも触れた「運命の車」のコーパスが提示されている。

10.　*Foundations of Language: Brain, Meaning, Grammar, Evolution* (2002)　（言語の基盤：脳，意味，文法，進化）

　Jackendoff の 30 年にわたる研究の集大成といってもよい本で，500 頁近い大著である。生成文法に関する心理主義に基づいた精緻な分析が随所に繰り広げられていて，圧倒されるばかりである。その中心はやはり並列機構から見た生成文法の姿であり，進化や言語運用などの問題に目を向けるきっかけになるかもしれな

い。この本には日本語の翻訳が用意されていて大変参考になる。

11. *Simpler Syntax* (2005)（より単純な統語論）

Peter Culicover との共著で，初期の頃からミニマリストプログラムに至る主流派生成文法の歴史を辿った後，4.7.2 節でも見た Simpler Syntax Hypothesis に基づいて，より単純な統語論の考えかたを提案している。後半では，束縛（binding）やコントロール（control）などに関する問題が取り上げられている。たとえば束縛については，マダム・タッソー（Mme. Tussaud）の蝋人形館を想定した（1）のような文とその解釈が例として挙がっている。

(1) Ringo fell of himself.（リンゴーが自分の上に倒れた）

a. = The actual Ringo fell on the statue of Ringo.

（実物のリンゴーが，塑像のリンゴーの上に倒れた）

b. ≠ The statue of Ringo fell on the actual Ringo.

(Culicover and Jackendoff (2005: 360))

（1）については，（1a）のように，実物のビートルズのリンゴーが塑像のリンゴーの上に倒れた解釈は可能であるが，（1b）のように塑像のリンゴーが実物のリンゴーの上に倒れた解釈はないというものである。600 頁近い本でハードな部分もあるが，Chomsky 的な統語論をご存じの方にとっては，楽しみながら読み進め

ることができるかもしれない。

12. *Language, Consciousness, Culture: Essays on Mental Structure* (2007)
（言語・意識・文化：心的構造に関する試論）

　パート I では，並列機構と意識について Jackendoff の持論を提示した後，いくつかの部分から成る行為の構造分析と社会認知や文化の問題を取り上げている。そしてパート II には心の理論が登場する。知覚動詞や心理述語の分析を概念構造に組み込みながら，従来から問題になってきた現象について，Jackendoff の主張を展開している。本書でも触れたことではあるが，Jackendoff の場合は，人間の心や社会 / 文化の問題を扱う際に，言語との関連を通して考えることが特徴で，この本もその一例である。

13. *Meaning and the Lexicon: The Parallel Architecture 1975-2010* (2010) （意味とレキシコン：並列機構 1975-2010）

　1.2 節でも言及したように，この本は Jackendoff がこれまでに発表してきた 12 編の論文を再録したものである。そのうちの複合語に関する Ch. 13 の論文 "The Ecology of English Noun-Noun Compounds"（英語の名詞―名詞複合語の生態学）は，進化との関連で本書でも触れている。Ch. 9 の Goldberg との共著 "The

English Resultative as a Family of Constructions"（構文としての英語結果構文）は，構文の考え方を軸に，結果構文を移動表現との関連の中で分析したものである。そこには，Jackendoff の認知言語学との親和性も感じることができる。Ch. 5 の "Parts and Boundaries"（部分と境界）は，素性を使った意味分析で，いろいろな素性が提案されている。たとえば，dog とその複数形 dogs については，複数形態素を，個体（individual）を集合体（aggregate）に写像する関数（PL（PLURAL））と見る（1b）のような表記を採用している（±b は ±bounded（有界 / 非有界），±i は，±internal structure（内部構造あり / なし）をそれぞれ表す。

(1) a. $\begin{bmatrix} +b, -i \\ _{\text{Mat}} \text{DOG} \end{bmatrix} = $ a dog

　　b. $\begin{bmatrix} -b, +i \\ _{\text{Mat}} \text{PL} \left(\begin{bmatrix} +b, -i \\ _{\text{Mat}} \text{DOG} \end{bmatrix} \right) \end{bmatrix} = $ dogs

(Jackendoff (2010: 145))

そしてこの論文では，関数 PL が The light flashed until dawn.（明かりが夜明けまで点滅した）のような事象の分析にも適用されている点は興味深い。この本に掲載されている論文は，Jackendoff が重要だと思って再録したものだけあって，印象に残るものが多い。

14.　*A User's Guide to Thought and Meaning* (2012)
（思考と意味の取り扱い手引き）

　Jackendoff がこの 30 年の間に手掛けてきた思考と意味に関する研究を，一般の人にも読みやすい形で提示した書である。内容は，思考，意識，指示と真理などで，7.1.3 節でも触れた意味の無意識仮説を含め，わかりやすい説明のおかげで，思考と意味に対して，ある程度の見通しを持つことができるようになるであろう。この本には日本語の翻訳が用意されている。

15.　*The Texture of the Lexicon: Relational Morphology and the Parallel Architecture* (2020)
（レキシコンの構造：関係形態論と並列機構）

　Jenny Audring との共著で，並列機構に基づいて形態論を書き直す（recast）する試みである。この本については，本書第 6 章で「生産性と半生産性」として触れている。そこでも触れたことであるが，この本は Jackendoff のこれまでの研究の結晶といってもよいもので，さらなる展開が期待される。なお，*English Linguistics*（日本英語学会）の第 39 巻 2 号には，この本の書評が掲載されており，参考になるであろう（Nakamura (2023) 参照）。

あ と が き

　Jackendoff は，常々，脳に関する神経学的な見方は，現在の研究の状況では，言語等を分析する際には十分でなく，脳についてはむしろその機能的な働きに焦点を合わせて考える方が有効であるという，機能主義の立場を取っている。そのためもあり，特に実験などによって分析しようとするスタンスはとっていない（この点については第 2 章でも触れた）。そして，彼の機能主義的な立場は，1970 年代から今日まで変わっていないように思える。ただ，その背景には，個々の人間にできることには限りがあるという考え方があるようである。彼自身，並列機構を軸に研究をしているが，他の研究者との協力関係が重要であると考えていることは，彼の著書からもうかがえる。人間の理解には，トータルな分析が必要であること，そして，そのためには各領域からの積極的なアプローチが必要であるということなのであろう。

　第 1 章（1.1 節）では，Jackendoff への記念論文集の序論に掲載されたコメントについて言及したが，そこからは，学生や若い研究者を励ます（encourage/support）Jackendoff の姿が浮かんでくる。そして，Paul Bloom のコメントからは，学会発表を聞く際の Jackendoff の様子が伝わってくる。それは，どのスピーカーに対しても，Jackendoff は発表の流れに沿った解説（running commentary）―発表されているアイデアの拡張，反論，ジョークなど―を行うが，その解説の方が，演壇でスピーカーが話していることよりずっと面白いというものである。おそらくこのようなことも実際にあるのではないかと思っている。

　本書の目的は，Jackendoff の著書を通して，そこに流れる Jackendoff の思想を確認することであった。Jackendoff は数多くの先行研究を参照する中にあっても，独自の視点から新たな分析を次々に生み出してきており，その生産力と探求心には圧倒されるばかりである。そのような Jackendoff の著書に触れる中で，学問研究の楽しさを味わえることは幸せなことと思っている。

参 考 文 献

Berko, Jean (1958) "The Child's Learning of English Morphology," *Word* 14, 150-177.

Bickerton, Dereck (1981) *Roots of Language*, Karoma Publishers, Ann Arbor, MI. [筧壽雄・西光義弘・和井田紀子 (訳) (1985)『言語のルーツ』大修館書店, 東京.]

Bickerton, Dereck (1990) *Language and Species*, University of Chicago Press. [筧壽雄 (監訳), 岸本秀樹・西村秀夫・吉村公宏 (訳), 西光義弘 (解説) (1998)『ことばの進化論』勁草書房, 東京.]

Chomsky, Noam (1965) *Aspects of the Theory of Syntax*, MIT Press, Cambridge, MA.

Chomsky, Noam (1970) "Remarks on Nominalization," *Readings in English Transformational Grammar*, ed. by Roderick A. Jacobs and Peter S. Rosenbaum, 184-221, Ginn and Company, Waltham. [Also in Chomsky (1972) 11-16.]

Chomsky, Noam (1972) *Studies on Semantics in Generative Grammar*, Mouton, The Hague.

Culicover, Peter W. (1970) "One More Can of Beer," *Linguistic Inquiry* 1, 366-369.

Culicover, Peter W. (1972) "OM-Sentences: On the Derivation of Sentences with Systematically Unspecifiable Interpretations," *Foundations of Language* 8, 199-236.

Culicover, Peter W. and Ray Jackendoff (2005) *Simpler Syntax*, Oxford University Press, Oxford.

Culicover, Peter W. and Ray Jackendoff (2012) "Same-Except: A Domain-General Cognitive Relation and How Language Expresses It," *Language* 88, 305-340

藤田耕司・松本マスミ (2005)『語彙範疇 (I):動詞』(英語学モノグラ

156

フシリーズ 6）研究社，東京．

Garrod, Simon, Gillian Ferrier and Siobhan Campbell (1999) "*In* and *On*: Investigating the Functional Geometry of Spatial Prepositions," *Cognition* 72, 167–189.

Gruber, Jeffrey S. (1965) *Studies in Lexical Relations*, Doctoral dissertation, MIT. [Reprinted in Gruber (1976)]

Gruber, Jeffrey (1967) *Functions of the Lexicon in Formal Descriptive Grammar*, Systems Development Corporation, Santa Monica. [Reprinted in Gruber (1976)]

Gruber, Jeffrey (1976) *Lexical Structures in Syntax and Semantics*, North Holland, Amsterdam.

Hauser, Marc D., Noam Chomsky and W. Tecumseh Fitch (2002) "The Faculty of Language: What Is It, Who Has It, and How Did It Evolve?" *Science* 298, 1569–1579.

Jackendoff, Ray (1972) *Semantic Interpretation in Generative Grammar*, MIT Press, Cambridge, MA.

Jackendoff, Ray (1975) "Morphological and Semantic Regularities in the Lexicon," *Language* 51, 639–671.

Jackendoff, Ray (1977) *X-Bar Syntax: A Study of Phrase Structure*, MIT Press, Cambridge, MA.

Jackendoff, Ray (1983) *Semantics and Cognition*, MIT Press, Cambridge, MA.

Jackendoff, Ray (1985) "Multiple Subcategorization and the θ-Criterion: The Case of *Climb*," *Natural Language & Linguistic Theory* 3, 271–295.

Jackendoff, Ray (1987) *Consciousness and the Computational Mind*, MIT Press, Cambridge, MA.

Jackendoff, Ray (1990) *Semantic Structures*, MIT Press, Cambridge, MA.

Jackendoff, Ray (1992) *Languages of the Mind: Essays on Mental Representation*, MIT Press, Cambridge, MA.

Jackendoff, Ray (1993) *Patterns in the Mind: Language and Human Nature*, Harvester Wheatsheaf, New York. (1994 年に Basic Books,

New York から再版）［水光雅則（訳）(2004)『心のパターン：言語の認知科学入門』岩波書店，東京.］

Jackendoff, Ray (1997) *The Architecture of the Language Faculty*, MIT Press, Cambridge, MA.

Jackendoff, Ray (2002) *Foundations of Language: Brain, Meaning, Grammar, Evolution*, Oxford University Press, Oxford.［郡司隆男（訳）(2006)『言語の基盤：脳，意味，文法，進化』岩波書店，東京.］

Jackendoff, Ray (2007) *Language, Consciousness, Culture: Essays on Mental Structure*, MIT Press, Cambridge, MA.

Jackendoff, Ray (2010) *Meaning and the Lexicon: The Parallel Architecture 1975-2010*, Oxford University Press, Oxford.

Jackendoff, Ray (2012) *A User's Guide to Thought and Meaning*, Oxford University Press, Oxford.［大堀壽夫，貝森有祐，山泉実（訳）(2019)『思考と意味の取り扱いガイド』岩波書店，東京.］

Jackendoff, Ray (2015) "In Defense of Theory," *Cognitive Science* 41, 185–212. (special issue in commemoration of RJ's Rumelhart prize) https://doi.org/10.1111/cogs.12324.

Jackendoff, Ray and Jenny Audring (2019) "Relational Morphology in the Parallel Architecture," *The Oxford Handbook of Morphological Theory*, ed. by Jenny Audring and Francesca Masini, 390–408, Oxford University Press, Oxford.

Jackendoff, Ray and Jenny Audring (2020) *The Texture of the Lexicon: Relational Morphology and the Parallel Architecture*, Oxford University Press, Oxford.

Jespersen, Otto (1909–1949) *A Modern English Grammar on Historical Principles*, 7 vols., Carl Winter, Heidelberg.

Katz, Jerrold J. and Paul M. Postal (1964) *An Integrated Theory of Linguistic Descriptions*, MIT Press, Cambridge, MA.

Keller, Helen (1903) *The Story of My Life; With Her Letters (1887–1901) and a Supplementary Account of Her Education, Including Passages From the Reports and Letters of Her Teacher, Anne Mansfield Sullivan*, ed. by John Albert Macy, Doubleday, Page & Company, New York. (この本は, *The Story of My Life* のオリジナルを, Wentworth Press が 2016 年にそのまま印刷・復刻したものである.)

Lakoff, George (1987) *Women, Fire, and Dangerous Things*, University of Chicago Press, Chicago.

Lerdahl, Fred and Ray Jackendoff (1983) *A Generative Theory of Tonal Music*, MIT Press, Cambridge, MA.

Macnamara, John (1978) "How Do We Talk about What We See?" ms., McGill University.

Marr, David (1982) *Vision*, Freeman, San Francisco.

Nakamura, Tsuguro (2023) "Review of Jackendoff and Audring (2020)," *English Linguistics* 39(2), 268-280.

Numberg, Geoffrey (1979) "The Non-uniqueness of Semantic Solutions: Polysemy," *Linguistics and Philosophy* 3, 143-184.

大室剛志 (2017)『概念意味論の基礎』(開拓社言語・文化選書 67) 開拓社, 東京.

Onifer, William and David A. Swinney (1981) "Accessing Lexical Ambiguities during Sentence Comprehension: Effects of Frequency of Meaning and Contextual Bias," *Memory & Cognition* 9, 225-236.

Piaget, Jean (1970) *Genetic Epistemology*, Columbia University Press, New York.

Swinney, David A. (1979) "Lexical Access during Sentence Comprehension: (Re)consideration of Context Effects," *Journal of Verbal Learning and Verbal Behavior* 18, 645-659.

Swinney, David A. (1982) "The Structure and Time-Course of Information Interaction during Speech Comprehension: Lexical Segmentation, Access, and Interpretation," *Perspectives on Mental Representation: Experimental and Theoretical Studies of Cognitive Processes and Capacities*, ed. by Jacques Mehler, Edward C. T. Walker and Merrill Garrett, 151-167, L. Erlbaum Associates, Hillsdale, NJ.

Tanenhaus, Michael, James M. Leiman and Mark Seidenberg (1979) "Evidence for Multiple Stages in the Processing of Ambiguous Words in Syntactic Contexts," *Journal of Verbal Learning and Ver-*

bal Behavior 18, 417–440.

Toivonen, Ida, Piroska Csúri and Emile van der Zee, eds. (2015) *Studies in the Mind: Essays on Language, Music, and Cognition in Honor of Ray Jackendoff*, MIT Press, Cambridge, MA.

米山三明 (2009)『意味論から見る英語の構造：移動と状態変化の表現を巡って』（開拓社　言語・文化選書 15）開拓社，東京.

米山三明 (2020)『ヘレン・ケラーの言語習得：奇跡と生得性』（開拓社　言語・文化選書 85）開拓社，東京.

索　引

1. 事項，Jackendoff の著書・論文（単著（出版年順）・共著（ABC 順）），研究機関，人名，語・句に分け，日本語はあいうえお順，英語は ABC 順。
2. 数字はページ数を表す。

事　項

164

研究機関

人　名

語・句

米山　三明　（よねやま　みつあき）

　1948 年長野県生まれ。1974 年東京大学大学院人文科学研究科英語英文学専攻修士課程修了。現在，成蹊大学名誉教授。

　著書・論文：『ヘレン・ケラーの言語習得 ── 奇跡と生得性 ──』（開拓社　言語・文化選書 85，開拓社，2020），『意味論から見る英語の構造：移動と状態変化の表現を巡って』（開拓社　言語・文化選書 15，開拓社，2009），『語の意味と意味役割』（英語学モノグラフシリーズ 17，共著，研究社，2001），"Review Article on Ray Jackendoff's *Languages of the Mind: Essays on Mental Representation*"（*English Linguistics* 11，日本英語学会，1994），"Verbs of Motion and Conceptual Structure: A Contrast between English and Japanese"（*The Locus of Meaning: Papers in Honor of Yoshihiko Ikegami*，くろしお出版，1997 年），"Lexicalization Patterns and Path Expressions"（『言語研究の宇宙：長谷川欣佑先生古稀記念論文集』開拓社，2005）など。

ジャッケンドフの思想
── 言語と心の研究 ──　　　　　　　　　　＜開拓社　言語・文化選書 100＞

2023 年 8 月 26 日　　第 1 版第 1 刷発行

著作者　　米 山 三 明
発行者　　武 村 哲 司
印刷所　　日之出印刷株式会社

発行所　　株式会社　開 拓 社
　　　　〒112-0013 東京都文京区音羽 1-22-16
　　　　電話　（03）5395-7101（代表）
　　　　振替　00160-8-39587
　　　　http://www.kaitakusha.co.jp

Ⓒ 2023 Mitsuaki Yoneyama　　　　ISBN978-4-7589-2600-3　C1380

JCOPY ＜出版者著作権管理機構　委託出版物＞
本書の無断複製は著作権法上での例外を除き禁じられています。複製される場合は，そのつど事前に，出版者著作権管理機構（電話 03-5244-5088，FAX 03-5244-5089，e-mail: info@jcopy.or.jp）の許諾を得てください。